KB236510

내가 제일 힘들다는 착각

내가 제일 힘들다는 착각

내가 제일 힘들다는 착각

위즈덤하우스

차례

3부
과한 자기 연민 덜어내기

우리는 왜 자신에게 가장 가혹한가

'아이돌 연습생과 가수, 스포츠 선수들처럼 남의 이목을 받는 이들은 어떤 멘탈을 지녔을까?'

멘탈 코치라는 직업의 특성상 나는 평가의 대상이 되는 이들을 가까이서 지켜볼 수밖에 없었다. 그들은 분기마다 혹은 매 순간 결과로 판단되며, 공개적인 비교를 일상처럼 견뎌낸다. 한 번의 실패로 다음 기회가 위태로워지는 일도 이 세계에서는 결코 낯설지 않다.

그 세계를 오랫동안 지켜보고 있으니 몇 가지 궁금증이 생겼다. 재능이나 결과와는 거리가 먼 주제였다. 결과가 좋지 않은 날에도 완전히 무너지지 않는 법, 흔들리는 멘탈을 다잡는 힘, 승부욕과 좌절감을 동시에 안고서도 묵묵히 자기 몫을 다해내는 이들의 태도는 어떻게 만들어지는지 알고 싶었다.

결과적으로 이들에게는 한 가지 공통점이 있었다. 오래 살아남는 사람일수록 자신을 다루는 방식이 남달랐다. 그들은 마음을 방치하거나 감정에 휘둘린 채로 결정을 내리지 않았으며 무엇보다 스스로를 함부로 대하지 않았다.

지금껏 사람들의 멘탈을 다뤄오는 일을 하며 내가 만난 이들은 대부분 겉보기에는 아무런 문제가 없었다. 이미 잘하고 있으며 자기 분야에서 많은 것을 이룬 사람들이었다. 하지만 다들 상담실에 와서 하는 말은 의외로 비슷했다.

"이 정도도 못 버티는 제가 너무 싫어요."

"제가 너무 약한 소리를 하는 것 같지 않으세요?"

"이제는 잘 모르겠어요. 뭘 위해서 하고 있는 건지."

이 말들은 애초에 포기한 사람들이 아니라 계속 버텨온 이들에게서 더 자주 들을 수 있다. 지금껏 충분히 애써온 자신에게도 엄격한 기준을 적용하기에 힘든 순간이 오면 버티기 힘들어지는 것이다.

사람들이 망가지는 이유는 무너져서가 아니라 자기 자신을 너무 함부로 대하기 때문이다. 그러니 실수했을 때 스스로를 어떻게 정의하는지, 힘들 때 자기에게 어떤 말을 하는지, 잘하고 있는 와중에도 '이 정도로 뭘'이라며 깎아내리지는 않는지 살펴야 한다.

멘탈은 타고나는 성격이 아니라 자기를 대하는 태도의 총합에 가깝다. 내가 하는 일은 단순히 누군가를 더 강하게 만들거나 단단한 사람으로 바꾸는 것이 아니다. 우리 안에 여전히 사랑할 힘, 버틸 힘, 다시 선택할 힘이 남아 있음을 깨닫게 도와줄 뿐이다. 고통과 괴로움이 만들어내는 속임수를 알아차리고, 사람들이 하는 말을 분별하며 자신이 만들어낸 감정과 판단을 한 걸음 떨어져 바라보는 법을 함께 익혀가는 것이다.

나를 선생님이라 부르는 이들이 자신을 조금 더 사랑하며 용감하고 지혜롭게 삶을 개척해나가기를 바란다. 자기 삶을 스스로 감당할 수 있는 사람이 되기를 바란다. 이 책 역시 그런 마음에서 출발해 썼다. 더 강해지거나 독해지는 법

대신 이미 충분히 버텨온 이들이 스스로를 덜 미워하면서 살아갈 수는 없을까 하고 말이다.

자신을 돌본다는 말은 결코 이기적으로 살라는 뜻이 아니다. 삶에서 도망치라는 말도 아니다. 사랑하는 사람에게는 그 정도로 몰아붙이지 않으면서 자신에게만은 왜 그렇게 잔인해지는지, 그 방식을 한번쯤 점검해보자는 이야기이다.

선생으로서 바람이 있다면 나는 정답만 알려주는 사람이 되고 싶지 않다. 내가 만나는 이들은 이미 많이 자랐고 스스로를 어느 정도 잘 돌볼 수 있는 사람들이라고 믿는다. 다만 벽에 부딪히고, 발목이 잡히고, 등이 떠밀려 넘어졌을 뿐. 책에는 그들이 다시 일어나기 위해 '지금 어떻게 하는 게 맞을까요?'라는 질문을 던질 때 함께 생각해보고 싶은 이야기들을 모았다. 각 장은 독립적으로 읽을 수도 있지만 결국은 순서대로 읽게 되리라는 것도 알고 있다. 앞에서 던진 질문들이 뒤에서 다른 얼굴로 다시 나타나기 때문이다.

나에게 있어 나를 대하는 방법 중 가장 잘한 것은 내 아내를 선택한 일이었다. 사랑을 주고받는 관계를 통해 내가 어떤 사람인지, 어떻게 살아야 하는지를 배웠다. 이 책에 담긴 많은 태도들 역시 그 안에서 배운 것들이다.

인생은 단 한 번의 선택으로 완전히 바뀌지 않는다. 대신 선택은 계속해서 이어지고 그 결과가 다시 다음 선택의 조건이 된다. 우리가 무너지는 순간은 실패해서가 아니라 그 실패 앞에서 자기 자신을 어떻게 다뤄야 할지 모를 때이다.

이 책을 읽는다고 당장에 인생이 바뀌는 일은 없을 것이다. 다만 무너지기 직전에 다른 선택을 하도록 도와줄 수는 있다. 당신이 이미 충분히 애써왔다는 사실을 잊지 않으면서 자신을 덜 몰아붙이는 방향으로 한 걸음 더 내딛을 수 있다면 이 책은 제 역할을 다한 것이다.

2026년 봄

주현덕

1부

아픔을 사실로 착각하다

힘든 말이
모두 상처가 되지는
않는다

"그만. 그만. 모두들 서봐. 왜 이렇게 된 거지?"

"전혀 나아지지 않았네. 지난번에 지적한 문제들이 거의 개선되지 않았어. 너무 더딘데."

"안무를 제대로 기억하지 못하니까 춤을 추는 것이 아니라 동작만 기억하느라고 따라가기 바쁘잖아. 본인들이 춤에 열중을 못 하는데 관객들이 어떻게 신이 나겠어?"

"연습할 시간이 부족했니? 석이는 너무 끼만 믿고 있는 거 아냐? 혼자만 튀고 동작이 다른 멤버랑 어울리지가 않네. 나머지는 연습 덜 한 티가 너무 난다."

"다이어트는 하고 있니? 몸이 굼떠 보이잖아. 체중 관리 더 해야 돼. 4번. 지금 그 몸으로는 안 된다."

"정신 차리자. 너네 그러면 안 돼. 정말 그렇게밖에 못 하겠니?"

예리한 판단이 섞인 목소리들이 지하 1층 안무 연습실을 가득 채운다. 매달 마지막 주 토요일은 연습생들이 '월평', 즉 월간 평가를 받는 시간이다. 대부분 십 대 후반인 연습생들은 이날마다 노래와 안무 과제의 진행 상황을 점검받으며 비평의 대상이 된다. 밥 먹듯이 혼나고 지적당하며 질책과 경고를 듣는다.

심사하는 선생님들의 음성은 객관적인 사실을 전달하는 톤이다. 따뜻한 위로는 없다. 격려도 드물다. 공감과 위로의 화법을 지향하는 사람이라면 이런 방식의 소통이 불편할 것이다. 어린 친구들이 입을 마음의 상처를 걱정하며 평가자의 화법이 바뀌어야 한다고 주장할지도 모른다.

나 역시 처음 이 광경을 보고는 덩달아 긴장하게 되었다. '좀 더 부드럽게 말하는 편이 낫지 않나?'라는 생각이 절로 들었다. 하지만 평가가 끝나고 다음 조에게 자리를 양보하고 뒤로 물러나 앉는 이들의 얼굴을 관찰하면서 생각이 바뀌었다. 그 정도 지적을 받았으면 크게 위축되었을 것 같은데 별로 그래 보이지 않았다. 누구도 고개를 떨구고 풀이 죽어 있지 않았다. 혼난 사람처럼 행동하지도 않았다. 아무 일 없는 듯 다음 조원들의 안무에 열중했다.

결과적으로 이들 중 몇 명은 끝까지 버텼고 결국 데뷔를 했다. 스타의 길을 걸었고 엄청난 성과의 주인공이 되었다. 그중 한 명에게 당시 부정적인 평가가 어떤 영향을 미쳤는지 물었더니 의외의 대답이 돌아왔다.

"분명 힘들었어요. 가슴 아프게 피드백을 받아들였죠. 들을 건 듣고, 흘릴 건 흘리려고 노력했어요. 십 대의 마음으로는 감당하기 어려운 말들도 있었는데…… 그래도 그 피드백 때문에 그만두고 싶지는 않았어요."

이처럼 힘든 말이 모두 상처가 되지는 않는다. 같은 말이 어떤 사람에게는 깊은 흉터로 남고, 어떤 사람에게는 아픈 정보로 지나간다. 차이는 사건의 크기가 아니라 그것을 해석하는 방식에서 비롯된다.

아이돌이 되려는 지원자들은 많고 매년 300~400개의 팀이 만들어진다. 이런 현실에서 연습생들은 치열할 수밖에 없다. 수험생이 수능 공부에 집중하는 것보다 더 강하게 데뷔를 위한 연습에 열중한다. 나는 이들의 스트레스를 줄이고 관계나 셀프 리더십, 멘탈 관리, 정서적 건강, 소통 능력, 직업의식 등을 교육하고 상담하면서 꿈을 실현하도록 돕고 있다. 나는 특히 부정적인 피드백을 받을 때의 태도에 대해 자주 이야기한다. 물론 원하는 것을 얻기 위해 가려는 길은 절대 평탄할 수 없고, 그들도 이 사실을 누구보다 잘 안다.

“여러분은 학생이지만 이곳에서는 학생이 아닙니다. 자신의 운명을 스스로 결정했고 그 꿈을 이루기 위해 회사와 계약한 프로입니다. 프로는 목적을 이루기 위해 실력을 쌓는 만큼 보상을 받습니다. 이 쓰라림에 익숙해지고 더 많이 배울수록 더 단단해지며 진짜 프로가 될 것입니다. 여러분의 노력과 인내는 이 회사가 아니더라도 여러분의 인생이 보상해줄 것입니다.”

이렇게 말하면 대개 연습생들의 눈빛이 달라진다. 내가 그들에게 주고 싶었던 메시지는 ‘아무렇지 않게 버텨라’가 아니었다. ‘지금 아픈 것은 사실이지만 그 아픔이 곧 당신의 정체성은 아니다’라는 감각이었다. 물론 이런 말만으로는 다 설득되지 않는다.

“맞아요. 너무 힘들지요. 마음이 아픈 것도 당연해요.”

이런 위로의 말도 때로는 필요하다. 부정적인 평가는 누구라도 마음을 쓰라리게 한다. 월평뿐만이 아니라 다른 문제가 겹치거나 몸 상태가 나쁠 때는 그동안 감당해왔던 스트레스가 더 크게 느껴지기도 한다.

위로를 통해 마음을 다독일 때도 있지만 성장의 밑바탕으로 기능하게끔 해야 될 때도 있다. 나는 선생으로서 늘 후자를 놓치지 않으려 한다.

“여러분이 듣는 지적은 개인에 대한 말이 아니에요. 누구라도 그렇게 하면 지적을 받았을 것입니다. 데뷔하고 나서 그런 지적을 받으면 끝이에요. 데뷔 후의 지적은 두 번의 기회를 주지 않아요. 지금은 세상이 원하는 기대 수준 위로 올라서야 해요. 여러분이 그럴 수 있을 거라고 믿기 때문에 그런 말을 하는 거예요. 될 것 같으니까. 될 수 있으니까.”

여기서 점검해보면 좋은 질문이 있다. 바로 ‘나는 지금 평가를 인격에 대한 판결로 바꾸고 있지 않은가?’이다. 지적은 보통 내 존재를 부정하는 말이 아니라 행동과 결과를 조정하라는 정보일 때가 많다. 하지만 우리는 지적을 받는 순간 정보의 성격을 바꿔버린다. ‘이 부분이 부족하다’를 ‘너는 부족한 사람이다'로, '여기서 실수가 있었다'를 '나는 늘 실패한다'로.

　다른 사람의 지적이 불편하고 싫은 정도는 우리가 다른 사람을 비평하고 지적할 때 느끼는 잘난 맛보다 훨씬 크다. 보통은 잘했다는 칭찬보다 잘 못했다는 비난을 피하고 싶어 한다. 부족한 부분을 지적받고 노력까지 제대로 하지 않았다는 말을 들으면 참담한 기분이 든다. 무능하고 쓸모없는 인간이 된 것처럼 느껴진다. 그렇기 때문에 사소한 의견 제시에도 과민 반응을 하고 모욕으로 받아들이며 방어적이 된다. 심한 경우 더 높은 수준의 반격을 준비하는 사람도 있다.

　하지만 그날 연습실에 있던 연습생들은 달랐다. 비판과 평가는 그들이 먹어야 할 아침 식단 같았고 의지에 연료가 되었다. 이처럼 더 잘해야겠다는 마음은 쉽게 상처를 입지 않는다. 그냥 아플 뿐이다. 손상은 입겠지만 그것을 상처로 보관하지 않는다.

　사람은 누구나 자기 자신을 남처럼 볼 줄 아는 능력이 필요하다. 내가 나를 늘 당하는 사람으로만 보면 세상은 나를 괴롭히는 장면들로 가득 차 보인다. 하지만 한 발 떨어져 멀리서 바라보면 같은 장면도 다르게 보인다. '나는 왜 이렇게 상처를 받았지?'가 '나는 지금 무엇을 두려워하고 있으며 과장하고 있지?'라는 질문으로 바뀐다.

상처를 받았지?'가 '나는 지금 무엇을 두려워하고 있으며 과장하고 있지?'라는 질문으로 바뀐다.

셀프 모니터링의 중요성

연예인이 되겠다는 것은 레드 오션에 뛰어드는 일이다. 서로 치고받고 싸우느라 핏빛이 된 바다라는 비유처럼 이곳에서는 생존 자체가 경쟁이다. 연습생에게 데뷔는 꿈이자 생존의 희망이다. 하지만 수많은 경쟁자 중에서 오직 실력과 스타성을 회사로부터 인정받은 소수만이 데뷔 조가 될 수 있다. 데뷔 조란 곧 팀으로 데뷔할 최상위 연습생들을 말한다. 모두가 한 번에 선발되는 것이 아니라서 실력과 연습 기간에 차이가 있고 더 먼저 데뷔 조에 들어온 고참이 일종의 리더

역할을 맡게 된다.

이 데뷔 조에는 소위 '고인물'이 있다. 이미 오랜 세월 연습생으로 버텨온 베테랑들이다. 어떤 경우에는 연습생을 관리하는 신인 개발팀 직원보다 더 오래된 경우도 있다. 동료이면서 경쟁자이다. 이미 데뷔 조로 훈련을 오래 받아왔기 때문에 실력도 절박함도 다르다. 그들에게 새로운 멤버의 합류란 합을 맞추는 훈련을 다시 해야 하며 신입의 실력을 끌어올려야 한다는 뜻이다. 그들 입장에서 보면 연습 기간이 더 늘어날 수도 있으니 마냥 달갑지만은 않은 것이 사실이다.

신입이 합류하면 데뷔 조가 해오던 것들, 함께 평가받아야 할 것들을 다시 새로 맞춰야 한다. 보통은 다들 잘 알려주고 숙소 생활도 기꺼이 돕는다. 하지만 조급한 사람에게는 그런 배려의 여분이 없다.

K도 그런 선배 중 한 명이었다. 누구보다 많은 연습과 노력으로 실력 면에서는 연습생 전체에서 1등이었다. 데뷔 조 리더로서 댄스 훈련을 이끌고 부족한 멤버들의 문제를 지도했다. 하지만 그 과정에서 언제나 다정하지만은 않았다. 처음에는 좋은 말로 하다가도 실수가 반복되면 짜증이 튀어나왔다. 듣는 사람에게는 다소 불편하게 느껴질 말투였다. 나이

차이가 나는 어린 멤버들에게 K는 어렵고 두려운 존재였다.

K는 아주 먼 곳에서 왔다. 가족과는 떨어져서 2년 반 동안 숙소 생활을 했다. 힘든 점을 물으니 주말이면 집에 가서 가족을 만나고 돌아오는 다른 멤버들과 달리 혼자 숙소에 남아 있어야 하는 것을 들었다. 부모님은 농사일과 동생들을 돌보느라 서울에 오기가 쉽지 않았다. 그는 빨리 데뷔해서 자신을 믿어준 부모님께 보답하고 집안 형편을 조금이라도 나아지게 하고 싶다고 했다.

사실 결심은 단단했지만 그간의 환경은 녹록지 않았다. 고향에는 노래 학원도, 댄스 학원도 없었다. 대구까지는 한 시간 반, 학원까지는 두 시간이 넘게 걸렸다. 수업을 마치고 학원에 갔다가 연습까지 하고 귀가하려면 시간이 너무 늦었고 길도 멀어 위험했다. 그래서 더 빠른 길을 찾아 서울로 올라와 회사와 연습생 계약을 한 것이었다.

초반에는 생활비가 부족해 회사 몰래 편의점 아르바이트를 해보기도 했다. 하지만 시간 맞추기가 어려워 금방 그만두었다. 다른 단기 아르바이트를 하다 회사에 들켜 중단한 적도 있었다. 유명 연예인 중에도 이런 고생을 했다는 선배들의 이야기가 많지만 큰 위로가 되지는 않았다. K는 아직 데뷔

조차하지 못했기 때문이다.

먼 지방 출신이 아니더라도 장거리 통학·통근을 해야 하는 연습생들이 실제로도 많다. 학교를 마치고 연습실까지 두 시간 넘게 이동하는 학생들은 이미 체력적으로 지쳐 있다. 연습 시간도 줄고 개인 레슨도 적게 받을 수밖에 없다. 막차를 놓쳐 지하철역에서 새벽 첫차를 기다리며 밤을 새우는 일도 이들에게는 부지기수였다.

K의 데뷔를 향한 결심이 굳어질수록 마음의 여유는 점점 줄어들었다. 조급함, 불안, 압박감이 날로 커져갔다. 매달 이어지는 심사와 평가에서 그냥 잘하고 있다는 것만으로는 부족했다. 아주 잘한다는 평가가 필요했다. 개인 보컬, 단체 보컬, 안무, 연기, 체중 관리, 이 중에 하나라도 문제가 있어서는 안 된다고 생각했다.

그는 댄스만큼은 자신이 있었지만 보컬은 늘 불안했고 노래 실력이 확 늘지 않는다는 사실이 늘 걱정이었다. 하지만 더 큰 문제는 단체 평가였다. 노래는 잘해도 안무가 안 되거나 둘 다 부족한 멤버들이 점점 못마땅해졌다.

'대체 뭘 하고 있는 거야. 왜 열심히 할 생각을 안 해. 계속 틀리면서 팀에 방해가 되잖아. 쟤 때문에 회사에서 안

된다고 하잖아.’

　월간 평가 직전까지 부족한 멤버들의 실수를 줄여주려 나름 열심히 지도했지만 실수가 줄어들지 않자 화가 폭발했고 결국 심한 말이 나왔다. 선배이자 리더라는 위치가 권력처럼 작용했다. 그리고 그 권력은 K에게 묘한 자기 위안이 되었다.

　‘그래, 내가 여기서 최고야. 재들은 내 말을 따라야 해.’

　그 말은 K의 불안, 결핍, 외로움을 덮어주는 힘처럼 느껴졌다.

　여기서부터 K의 문제는 노력이 아니라 자기 관찰로 넘어간다. 마음이 벼랑 끝으로 몰리면 사람은 자신을 지키기 위해 무언가를 붙잡는다. K가 붙잡은 것은 리더의 권력이었다. 하지만 그 권력은 상황을 해결하는 도구가 아니라 자신을 잠시 덜 불안하게 만드는 마취제에 가까웠다.

　따지고 보면 K가 가장 걱정한 것은 힘든 가정 형편이나 여유 없는 숙소 생활, 데뷔 조 전체 평가만이 아니었다. 그가 끝내 내려놓지 못한 불안은 따로 있었으니 바로 비주얼이었다. 아무리 큰 동작으로 보완하려 해도 키가 크고 팔다리가 긴 다른 멤버들보다 태가 안 난다는 말을 계속 들어야 했다.

외모와 관련된 칭찬은 한 번도 받아본 적이 없었다.

'비주얼 순서대로 데뷔가 결정되지 않을까?'

이 생각이 커질수록 K는 더 예민해졌고 감정 조절이 어려워졌다. 그런 와중에 실력이 형편없는 신입이 들어왔다. 연습생 경험도 없이 바로 데뷔 조에 선발된 것은 누가 봐도 비주얼 때문이었다. 키도 크고 얼굴도 작으며 예뻤다. 흔히 말하는 센터감이었다.

데뷔 조는 이제 8명으로 늘었다. K는 혼란스럽고 걱정이 더 많아졌다. 신입에게 전혀 다정하지 않았다. 다른 멤버들은 모두 K의 눈치를 봤다. 이런 K의 상태는 회사에도 이미 알려져 있었을 것이다.

어느 날 K는 신인 개발팀 팀장의 호출을 받았다. 연습실 건물 안의 사무실이 아니라 본사 사무실로 오라는 연락이었다. 불길한 예감에 머리가 텅 비었고 예상대로 회사의 통보를 받았다. 계약 해지였다.

이유는 명확했다. 회사가 구성하려는 팀에 K가 들어갈 자리가 없다는 것. K에게 맞는 팀을 짜려면 시간이 오래 걸리고 다른 멤버들이 채워지기를 기다려야 하며 설령 채워진다 해도 팀 콘셉트를 만들 수 있을지 알 수 없다고 했다.

회사의 결정에 K도 동의했으나 절망과 분노, 혼란은 어쩔 수 없었다. 다음 달이면 3년인데 그 시간이 이렇게 끝이라니. 회사의 결정으로 나가는 것이라 위약금이 없다는 것이 그나마 위안이라면 위안이었다. 회사 규정을 어겨 계약을 해지했다면 그동안 받은 레슨 비용으로 수천만 원의 위약금을 물어야 했을 것이다. 지난달 비주얼이 좋았던 한 연습생이 그런 이유로 회사와 계약을 해지하게 되었다고 했다. K는 그 사례와 비교하며 스스로를 위로했지만 마음의 구멍은 쉽게 채워지지 않았다.

'그렇게 하지 말걸.'

이 한 문장에 후회가 줄줄이 걸려 나왔다.

'애들한테 그렇게 못되게 굴지 말걸.'

'월간 평가에서 더 잘할걸.'

'회사에 미리 말해둘걸.'

'애초에 연습생을 하지 말걸.'

'다이어트 때문에 몸을 망치지 말걸.'

'부모님께 잘될 거라고 말하지 말걸.'

말만 들어도 슬프고 아프다. 앞이 보이지 않는다. K에게는 지금 위로가 필요하다. 하지만 그보다 더 중요하게 살펴야 할 것이 있다.

자기 연민에 빠져 '나는 피해자'라고 믿기 시작하면 세상은 전부 가해자가 된다. 그러면 상처는 더 깊어지고 두려움과 분노는 상처를 오래 붙잡는다. 누군가를 탓하면 고통이 줄어들 것 같지만 잠시뿐이다. 미움에 머무는 만큼 아픔도 오래 간다.

그럴 때 필요한 질문은 '나 이제 어떻게 하지?'가 아니라 '이 상황에서 나는 나를 어떻게 대할 것인가?'이다. 단순하게 들리지만 적용하기가 쉽지 않다.

물론 위로는 필요하다. 다만 위로가 자신을 피해자로 고정시키는 방향이 되어서는 안 된다. 지금 필요한 것은 상처의 증명이 아니라 상태를 관찰하고 다음 선택을 할 수 있는 자리로 돌아오는 것이다.

어쩌면 K의 이야기가 특별한 연예 산업의 사례처럼 보일지 모르나 거리를 두고 보면 이 이야기는 낯설지 않다. 직장에서, 학교에서, 관계 속에서 우리는 종종 K와 비슷한 자리에 선다. 불안이 커질수록 마음의 여유는 사라지고 실수에 예민해지며 타인의 부족함이 눈에 더 잘 들어온다. 그 결과 누군가를 밀어내거나 스스로를 몰아붙이면서 이렇게 말하고는 한다.

"내가 너무 힘들어서 그래."

"상처받았으니까 어쩔 수 없어."

완전히 틀린 말은 아니다. 실제로 힘들고 억울하고 버거울 수 있다. 문제는 그다음이다. 그 말이 내 상태를 이해하는 문장에서 멈추는지 아니면 행동을 정당화하는 문장으로 바뀌는지에 따라 결과는 완전히 달라진다.

셀프 모니터링이란 바로 이 지점에 멈춰 서는 능력이다. 지금 느끼는 감정이 무엇인지, 이 감정이 나를 어디로 데려가는지, 내 선택을 대신하게 두고 있는지 아니면 참고로만 쓰이는지 살펴보는 일이다.

실은 K는 오랫동안 자신을 관찰할 여유가 없었다. 버텨야 했고 잘해야 했으며 밀려나면 끝이라는 두려움이 컸다. 그러다 보니 자신의 불안을 타인의 문제로 바꾸어 바라보았고 권력을 통해 마음을 진정시키려 했다. 마음으로는 그 선택을 이해할 수 있지만 K를 더 불리하게 만든 것은 사실이었다.

사람들은 모두 K처럼 되지 않기 위해 애쓰지만 한번쯤은 그와 같은 선택을 할 수도 있다. 이때 필요한 것은 더 강한 마음이 아니라 면밀하게 자신을 보는 눈이다. 상처를 키우지 않기 위해, 자기 연민에 빠지지 않기 위해서. 그리고 무엇보다 나를 망가뜨리지 않기 위해서 말이다.

나를 위한
선택을
고민하는 힘

이제 K는 어떻게 해야 할까. 우리가 K의 입장이라면 어떤 선택을 할 수 있을까.

K는 우선 집으로 돌아갔다. 아무 말 없이 며칠을 집에서 쉬었다. 그렇게 하게 해달라고 부모님께 부탁하고 며칠을 흘려보냈다.

쉬고 있으니 여러 감정들이 소란스럽게 찾아왔다가 사라졌다. 서글펐다가 두려워졌고, 무기력했다가 걱정에 잠기기도 했다. 희망적인 감정이 잠시 스쳤다가 금세 사라졌고 마음은 다시 허전해졌다. 한때 희망으로 채워졌던 가슴이 텅 비는 허무함을 그는 그저 지켜보고 있었다. 부단히 애써온 지난 시간들이 떠올랐고 회사에서 내쫓겼다는 생각이 들 때마다 현재의 처지가 더 서러워졌다.

다행인 점은 시간이 지날수록 이 부정적인 감정들이 더 깊어지지 않았다는 것이다. 흔히 우울은 시간이 갈수록 점점 더 깊어진다고 말한다. 하지만 K는 괴로운 감정들이 조금씩 잦아들고 있음을 느꼈다.

그는 자신의 고통을 이해하려 애썼다. 지금 겪고 있는 일이 단순한 불행이 아니라 자신이 선택해서 살아온 인생의 일부라는 생각을 해보았다. 지나간 일보다 앞으로 무엇을 할 수 있을지를 고민해야 한다고 스스로에게 말했다.

2주쯤 지나 다시 서울로 올라와서는 정리해야 할 일들을 했다. 얼마 되지도 않는 데뷔 조 숙소의 짐을 챙겨 나왔고 아는 언니의 집에 맡겼다. 다른 회사 오디션도 몇 군데 보았다. 실용음악 전공으로 대학에 진학하는 길은 선택하지 않기로 했다. 더는 부모님께 부담을 드리고 싶지 않았기 때문이다. 오디션을 본 곳들 중 합격한 곳도 있었지만 고민 끝에 다시 집으로 내려왔다.

이후 K는 1년 동안 아르바이트를 하며 착실히 돈을 모았다. 그리고 다시 서울로 올라와 아이돌 회사 대신 댄싱팀 소속사에 들어가 신입 멤버로 연습을 시작했다. 자기보다 더 어린 선배들과 함께였다. 언젠가는 최고의 댄스 트레이너가 되겠다는 목표를 품고 처음부터 다시 배웠다. 대학 진학도 결정했다. 누군가를 가르치는 사람이 되려면 잘하는 것만으로는 부족하다고 생각했기 때문이다.

오랜만에 옛 동료들과 친구들, 트레이너와 선생님들에게도 안부를 전했다. K는 지금 아주 바쁘게 산다. 예전처럼 꿈을 이루지 못할까 봐 하루하루를 불안 속에서 버티지 않는다. 오히려 이제는 자신이 원하는 목표에 조금씩 다가가고 있다는 감각 속에서 산다.

K가 변화할 수 있었던 이유는 특별한 위로나 누군가의 결정적인 도움이 있어서가 아니다. 그를 다시 일어서게 한 것은 자신의 마음을 바라보고 감정을 인식하려는 태도였다. 그는 자신이 상처받았다는 사실을 부정하지 않았다. 그렇다고 그 상처에만 매달리지도 않았다. 슬픔과 분노, 허무함이 교차하는 복잡한 감정의 시간 속에서 자기 안에 오직 부정적인 경험만 있는 것은 아님을 확인했다. 그것이 결정적이었다.

상처를 입었다고 해서 삶 전체가 그 상처를 중심으로 돌아가야 하는 것은 아닌데 우리는 종종 그렇게 착각한다. 다른 사람들도 나를 전체가 아니라 상처로 봐주길 바랄 때가 있다. 이해받고 싶은 욕구이기도 하나 동시에 스스로를 상처 입은 사람으로 한정해버리는 선택이기도 하다.

'누군가 나를 위로해줬으면 좋겠다.'

'누군가 나를 이 고통에서 끌어내줬으면 좋겠다.'

이 마음은 너무나 자연스럽다. 위로는 감정을 덮어주고 숨 쉴 공간을 만든다. 하지만 사람은 위로만으로 충분히 달라지지 않는다. 반면 자각은 다르다. 감정이 왜 생겼는지 그것이 나에게 무엇을 말하고 있는지를 알아차리게 만든다. 아픔이 완전히 사라지지 않았어도 그것을 이해하기 시작하는 순간 회복은 이미 시작된다.

위안과 위로가 자각을 위한 마음의 여분을 만들어주는 것은 분명하나 위로가 없다고 해서 자각을 미룰 필요는 없다. 진짜 변화는 누군가의 말에서 시작되지 않는다. 내가 나를 제대로 바라볼 때 시작된다.

사람들은 상처를 입으면 흔히 이렇게 묻는다.

'왜 이런 일이 나에게 일어났을까?'

이때 삶의 방향을 바꾸는 질문은 조금 다르다.

'이제 나는 무엇을 선택할 것인가?'

이 질문은 감정을 부정하지 않으면서도 판단의 자리를 되찾게 한다.

상처를
사실로
착각하지 않는 법

K와 여러 이야기를 나누며 이런저런 생각들을 함께 정리하게 되었다. 살다 보면 누구나 인생의 여러 시점에서 발에 걸려 넘어지기도 하고 등 떠밀리듯 쓰러지기도 한다. 들어가려던 문이 너무 좁아 튕겨 나가기도 하고 누군가를 철석같이 믿어 그 대가를 뼈아프게 치르기도 한다. 반짝이는 것이 다 금인 줄 알고 좋았으나 금이 아니었음을 뒤늦게 깨닫는 일도 있다.

사실 세상은 우리가 기대하는 것만큼 우호적이지 않

다. 사람들은 모두 정의롭지도 않고 공정한 게임을 좋아하지도 않는다. 타인의 장점보다 결점을 더 쉽게 찾아내는 이들이 있고 약점을 덮어주기보다 이용하거나 공격하는 사람들도 있다. 문제는 바로 여기에서 시작된다. 이런 현실 앞에서 결국 이렇게 묻게 된다.

'앞으로도 나는 계속해서 멍들어야 하는가?'

무엇보다 멍이 드는 방식으로 세상을 받아들이는 것이 과연 도움이 되는가. 사람들이 모두 선하거나 공정하지 않음을 받아들이는 것과 그에 맞춰 나 역시 냉담하고 불신에 차서 사는 것은 전혀 다른 문제다. 현실에 적응한다는 말이 반드시 선하지 않게 사는 것을 의미하지도 않는다.

현실, 사실, 진실은 그 자체만큼이나 그것을 어떻게 해석하느냐에 따라 전혀 다른 힘을 갖는다. 우리는 한 번도 사실을 있는 그대로 경험한 적이 없다. 언제나 누군가의 경험, 감정에 따른 필터를 거쳐 세상을 해석하고 살아간다.

세상이 나쁘게 보이고 사람들의 본심이 의심스러울 때 그들을 따라 살면 덜 손해를 보고 덜 상처받을 수도 있다. 대충대충, 좋은 게 좋은 것처럼 넘기거나 냉담하고 이기적으로 굴면서 말이다. 하지만 그렇게 살면 인생은 점점 자신을 보호하고 타인을 경계하는 일로 채워진다. 그런 방식의 안전과 안정으로 삶을 풍요롭게 할 수는 없다.

　세상에 어두운 면이 있다고 해서 전체가 어둡다고 단정할 수는 없다. 나쁜 사람조차 매 순간 나쁘기만 하지는 않고, 선한 사람 역시 언제까지나 선하게만 살 수는 없다.

　과거에 좋지 않은 일이 있었다고 해서 미래까지 그렇게 결정되어 있다고 믿을 필요는 없다. 만약 앞으로의 삶이 지금과 같을 수밖에 없다면 지금의 자리에서 어떤 선택도 할 수 없을 것이다.

　우리에게는 현실 속에서 더 나은 것들을 찾아내려는 노력이 필요하다. 있는 그대로를 받아들이는 데서 멈추지 않고, 행복과 긍정을 지켜내겠다는 선택을 실천해야 한다. 행복은 생각보다 음미할 만한 가치가 있고 인생은 여전히 좋은 것과 훌륭한 것이 공존한다.

　물론 저절로 되지는 않을 것이다. 많은 것을 겪고 견뎌야 한다. 당장은 이해할 수 없고 받아들일 수 없는 일들이 무엇을 가르치고 있는지 알아차리려면 시간이 꽤 필요하다. 그 기다림이 단순한 잊힘으로 끝나지 않도록 기억을 되살려야 할 때도 있다.

나는 이런 생각을 마음에 담아낸 K가 대견하다. 돌아보면 주변에는 K처럼 용감하고 지혜롭게 살아가는 사람들이 적지 않다. 우리는 모두 그런 사람들의 선택 위에서 살아가고 있고 또 그런 선택을 이어갈 사람들이다. 누군가의 용기와 지혜는 늘 다음 사람에게 숨 쉴 자리가 되어왔다. 지금 당신이 내리는 선택 역시 언젠가 누군가에게는 그런 자리가 될 것이다.

어쩌면
최악이 아닐지도
모른다

코미디 작가이자 기업 강사인 신상훈 교수는 말했다.

"정신적 고통이 육체적 고통보다 더 심하다고 말하는 사람은 아직 제대로 된 육체적 고통을 겪어보지 않은 경우가 많다."

이 말은 정신적 고통을 가볍게 여기자는 뜻이 아니라 고통을 정신과 육체로 나누어 생각하는 것이 얼마나 단순한지를 지적한다. 세상에는 정신적 고통에 짓눌려 살아가는 사람들이 많다. 동시에 상상하기 어려울 정도로 극단적인 육체적 고통 속에서 하루하루를 견뎌내는 삶도 존재한다. 고통은 명확히 구분하거나 비교할 수 있는 대상이 아니다.

고통은 인간만이 겪는 예외적인 사건이 아니라 거의 모든 생명체가 경험하는 보편적인 일이다. 그렇기에 이 고통에 지나치게 많은 의미를 덧붙이고 있지는 않은지 한번쯤 돌아볼 필요가 있다.

역사적으로 훨씬 더 열악한 조건 속에서 살아온 이들의 후손이면서도 우리는 종종 고통을 인생 전체와 동일시한다. 바로 그 지점에서 고통은 경험을 넘어 정체성이 되기 시작한다.

물론 '인생이 고통의 연속이었다'라고 할 만큼 힘든 삶을 산 사람들도 있겠으나 그 표현에 걸맞은 수준의 고통으로만 채워져 있었는지는 다시 생각해볼 문제이다. 고통이 없었다는 말이 아니라 실제보다 고통을 더 크게 해석하고 있는 것은 아닌지를 묻는 것이다.

멕시코에서 스탠드업 코미디를 하는 유튜버 코미꼬의 말이다.

"한국은 너무 잘 갖춰진 나라라서 온통 하얀 도화지 같다. 그래서 작은 검은 점 하나만 있어도 견디지 못한다. 반대로 멕시코는 온통 검은 바탕이라 작은 흰 점 하나만 있어도 그게 얼마나 소중한지 안다.”

이 말을 듣고 그동안 우리가 얼마나 많은 조건을 기본값으로 여기고 있었는지가 떠올랐다. 좋은 환경에 살면서도 그것이 얼마나 드문 행운인지 느끼지 못한 채 불편과 결핍에만 시선을 고정하는 경우가 많다. 그렇다고 더 잘난 사람과 비교해 자책하라거나 더 못한 사람과 비교해 위안받으라는 뜻은 아니다.

문제는 나쁜 것들에만 집중하는 습관이다. 그런 관점으로 살다 보면 세상에는 좋은 것이 존재하지 않는다는 믿음이 생기기 쉽다. 좋은 것이 없는 세상은 곧 지옥이 되며 자신이 지옥에 살고 있다고 확신하게 된다. 그 확신이 언제나 사실은 아닌데도 말이다.

‘인생은 고통이다’라는 말을 반복하는 사람들 중에서 정말 극심한 고통을 오래 견뎌낸 사람은 많지 않다. 오히려 깊은 고통을 통과해온 사람들은 이렇게 말한다. ‘그래도 살아남았다.’

그러니 표현부터 바꿔야 한다. ‘인생은 고통’이 아니라 ‘인생에는 고통이 있다’가 더 정확한 표현일 것이다. 고통이 전부인 듯 말하는 태도는 세상을 달관한 듯 보여도 실제로는 삶을 한 방향으로만 보게 하는 사고의 함정에 빠지기 쉽다.

이 세상은 광활한 우주에서 아직까지 유일하게 생명이 확인된 행성 위에 있다. 그 안에서 우리는 생각보다 훨씬 유리한 조건으로 살아가고 있다. 지금 이 환경을 당장의 기분만으로 판단하지 않고 조금 더 넓은 시야에서 바라봐야 한다. 그래야 불편과 고통도, 감사와 행복도 제자리를 찾는다.

사람들은 살 수 있는 조건이 갖춰진 곳에 모여 산다. 사람이 거의 살지 않는 곳이 있다면 버틸 수 없는 환경이라 그럴 것이다. 하지만 그 극한의 조건 속에서도 주어진 환경에 적응하며 살아가는 이들도 분명히 있다.

흔히 선진국이라 불리는 나라에 산다는 것은 그렇지 못한 환경에 놓인 수많은 사람들과 비교했을 때 분명히 유리한 조건에 속한다. 이는 개인의 노력이나 의지와는 무관한, 태어날 때 이미 주어진 차이이기도 하다. 심리학자들의 연구에 따르면 개인의 삶의 만족도에는 태어나고 살아가는 나라가 차지하는 비중이 상당히 크다고 한다. 기본적인 인권조차 보장되지 않거나 빈곤과 부패가 일상이 된 사회가 지금도 적지 않다. 이 사실은 먼 옛날의 이야기가 아니라 지금 현실 세계의 이야기이다.

단순히 고통을 가볍게 여기자는 말이 아니다. 그저 우리가 겪는 고통을 일반화할 필요는 없다는 것이다. 큰 고통을 겪고 있다고 느낄수록 인생은 고통이라는 말로 자신을 몰아붙이기보다 이렇게 말해보자.

'지금은 고통스럽지만 이것이 인생의 전부는 아니다.'

당신은 이미 세상에 기쁨을 주었고 누군가에게 도움이 되었으며 크고 작은 방식으로 보탬이 된 적이 있다. 이 나라에 태어나 이만큼 살아왔다면 분명 감사할 만한 조건도 함께 주어졌을 것이다. 더 좋은 환경에 있는 사람들과의 비교 속에서, 자기 삶의 나쁜 부분만 확대하는 함정에서 조금만 벗어나보자. 만약 그럼에도 견딜 수 없는 곳에 있다면 과감하게 그 자리를 벗어나자. 삶은 살아 있어야 바꿀 수 있고, 당신의 삶은 증명해야 할 대상이 아니라 지켜야 할 가치이니까.

상처는
삶을 특별하게
만들지 않는다

상처라는 말은 요즘 너무 쉽게 쓰인다. 설명하기 어려운 힘든 감정 앞에서 사람들은 무의식적으로 그 말을 꺼낸다. 상처라는 단어 자체가 문제인 것은 아니다. 다만 상처라고 부르지 않아도 될 경험들까지 모두 같이 분류되면서 삶이 점점 상처의 언어로 채워지고 있음은 경계해야 한다. 그냥 이렇게 말해도 충분한 일들이 있다.

'아팠다. 괴로웠다. 힘들었다. 불편했다. 싫었다.'

이때도 사람들은 마치 칼에 베이고, 못에 찔리고, 뼈가 부러지고, 근육이 찢어진 것처럼 표현한다. 상처가 많은 몸이 만신창이가 되듯 상처로 가득 찬 삶 역시 온전한 상태로 느껴지기는 어렵다. 삶이 상처로 가득하다고 느끼며 사는 것이 과연 나를 더 잘 살게 만드는가. 그 상처의 기억을 반복해서 꺼내고 곱씹는 일이 나를 실제로 돕고 있는가. 한번 생각해보자.

하고 싶던 분야로는 가족을 부양하는 것이 쉽지 않다고 여겼던 A는 그동안 탐탁지 않게 여겼던 아이돌 그룹 연습생에 지원했다. 그는 연습생들을 이끌 만큼 뛰어난 실력으로 바로 데뷔조가 되었다. 머지않아 데뷔도 하고 유명해져서 돈을 벌면 가족들을 행복하게 해줄 수 있다는 기대로 피곤함과 불편함을 견뎠다.

그러던 와중에 회사에 문제가 생기고 말았다. 기존 기획사에서 독립한 매니저들이 세운 소형 기획사들이 흔히 겪는 투자 실패였다. 그 여파로 팀을 유지하는 것조차 버거워졌고 회사의 존립마저 위협받는 상황에 놓였다. 대형 기획사 출신인 대표는 확실한 약속을 내세웠지만 현실은 달랐다. 결국 회사는 없어지고 팀은 다른 회사로 넘어갔다. 연습생들은 뿔뿔이 흩어지고 데뷔 조의 절반은 다른 회사로 이적하게 되었다.

이 일은 A에게 큰 충격으로 다가왔다. 그 과정이 몹시 불안하고 두려웠다. 한 번의 실수로 너무 많은 시간을 흘려보내게 된 것이다. 아이돌 데뷔는 시간이 늦어질수록 성공의 가능성이 희박해진다. 그 과정에서 A는 어른들에 대한 희망을 잃어버렸고 회사에 대한 불신도 아주 깊어졌다.

이후 A는 새로 옮긴 회사 사람들에게 아주 냉담하고 냉소적으로 반응했다. 누구도 믿을 수 없다는 태도를 숨기지 않고 드러냈다. 다른 사람들에게 관심을 보이거나 가까워지려는 노력도 하지 않았다. 그저 무표정한 얼굴로 '더는 나를 아프게 할 수 있는 것은 없다'는 신호만을 보냈다.

A의 상처 입은 마음은 그에게 도움을 줄지도 모르는 수많은 사람들의 접근을 밀어내고 있었다. 그런 태도로는 그의 뛰어난 실력도 팀을 구성하는 데 도움이 되지 않을 것이 분명했다. A에게는 무엇보다 그의 마음을 이해하는 존재와 고통을 표출할 수 있는 기회가 필요했다. 아픈 마음을 속 시원하게 비워낼 수 있어야만 했다.

이처럼 인간은 누구나 뜻밖의 고통을 경험한다. 좋은 일만 골라서 살 수는 없고 살다 보면 원치 않는 일도 종종 일어난다. 어떤 고통은 쉽게 사라지지 않고 오래 남으며 그런 기억이 삶에 영향을 미친다는 사실도 부정할 수 없다.

하지만 그 아픔을 계속 상처라는 이름으로 붙잡아두는 것이 인생을 사는 올바른 방법이라거나 나를 잘 대하는 태도라고 말할 수 있을까. 물론 잊지 말아야 할 상처도 있다. 비극적인 역사, 침탈과 굴욕의 기억처럼 제대로 된 사과와 책임이 따르지 않았다면 기억해야 할 상처도 분명히 존재한다. 와신상담의 동력으로 삼기 위해 일부러 기억하는 상처도 있는 것이다.

그런 깊고 구조적인 상처들과 달리 살아가며 겪는 개인적 고충과 아픔을 모두 같은 상처로 부르는 것은 조심스러워야 한다. 그 둘을 동일하게 여기는 순간 우리는 삶의 크고 작은 불편과 아픔을 필요 이상으로 키우게 된다.

내가 남들보다 많은 상처를 입었다는 사실이 나를 더 특별하게 만들지는 않는다. 누구나 살아가며 겪는 상실과 고통은 그저 삶의 일부일 뿐이다. 흘려보낼 수 있는 일들, 시간이 지나면서 옅어질 수 있는 감정들까지 하나하나 상처로 붙잡아둘 필요는 없다. 대신 나는 대안으로 이런 관점을 삶에 제안하고 싶다.

'아픈 것은 아프게 느끼되 그 감정이 내 삶 전체를 규정하게 두지는 말자.'

'상처라는 말을 조금 덜 쓰기로 하자.'

예를 들면 이런 식이다.

"그 사람과 헤어졌을 때 마음이 정말 많이 아팠어요."

"제가 당신을 필요로 했을 때 외면당해서 많이 섭섭하고 괴로웠어요."

"배신당했다는 사실을 알았을 때 가슴이 찢어지는 것처럼 아팠고 그 기억이 오래 남았어요."

"곤궁한 상황에서 도움을 청했을 때 돌아온 냉정한 말이 큰 아픔으로 느껴졌어요."

"다른 아이들은 다 가지고 있는 것을 자기만 없다고 투정하는 아이의 말보다 그것을 해주지 못하는 제 처지가 더 괴로웠어요."

이 말들은 모두 충분히 아프고 이해받아야 한다. 다만 그것이 '내 삶은 곧 상처이다'라는 규정이 될 필요는 없다. 상처는 삶을 특별하게 만들지 않는다. 대신 그 상처를 어떻게 다루느냐가 우리의 삶을 조금씩 바꿀 것이다.

고통은
삶을 멈추게 하지
않는다

"오늘 치과에서 이를 하나 뺐으니 나는 평생 음식을 먹지 못할 거야. 난 끝이야."

여러분에게는 이 말이 어떻게 들리는가. 이 하나를 뽑았다는 사실이 정말 인생 전체를 결정하는 사건이라고 생각하는가. 그렇지 않다면 사람들은 왜 어떤 순간의 경험을 이렇게까지 확대 해석한다고 생각하는가.

무엇을 경험하는지만큼 중요한 것은 그 경험을 어떻게 이해하고 있느냐이다. 한국에 온 외국인이 한식에 대해 얼마나 아는지에 따라 음식의 맛과 즐거움이 달라지는 것처럼 말이다. 젓가락으로 비빔밥 재료를 하나씩 집어 먹는 외국인을 보면 누구라도 고추장을 넣고 비벼 숟가락으로 먹는 법을 알려주고 싶어진다. 대상을 제대로 알지 못하거나 오해하고 있으면 제대로 경험하기 어려워지기 때문이다.

좋은 경험 혹은 나쁜 경험이어도 마찬가지다. 무엇을 겪느냐보다 그것을 얼마나 잘 알고 있느냐가 감정의 강도와 반응을 크게 바꾼다. 잘 모르면 더 겁이 나고 불편해진다. 낯선 것들은 사람을 쉽게 긴장시킨다. 그렇다고 해서 새로운 것 없이 이전에 경험한 것들로만 살 수는 없다. 불편하더라도 계속해서 새로운 것을 경험해야 한다. 처음에는 싫고 불편했지만 시간이 지나 돌아보면 오히려 도움이 되었던 일들이 얼마나 많은가.

약은 쓰더라도 먹어야 하고 주사 역시 아파도 맞는다. 그게 필요함을 알기 때문이다. 아이들은 당장의 아픔과 불쾌함이 전부라고 느껴서 거부하기도 하지만 자라면서 지금의 기분이 행동을 결정해서는 안 된다고 배운다.

이를 하나 뽑았다고 해서 그 통증이 평생 가지는 않는다. 회복 불가능한 형벌일 리도 없다. 인류는 이미 수없이 그 고통을 겪고 견뎌왔다. 잠깐 아프지만 곧 회복된다는 사실을 경험으로 알고 있다.

비슷한 예로 사람들은 이런 말도 자주 한다.

"이 연애가 끝났으니 다시는 사랑을 못 할 거야."

"직장에서 해고되었으니 내 인생은 끝이야."

"이번 시험에도 떨어졌으니 나는 망했어."

공통점은 하나다. 지금의 상태가 영원히 지속될 것이라는 믿음이다. 사실을 벗어난 이 믿음에 감정이 결합되면 나이에 상관없이 누구든 순간의 감정을 세상의 전부처럼 여기게 된다. 이런 확신은 일종의 자기 함정이자 동시에 자기 피난처가 된다. 그 안에 머물면 행동의 책임을 잠시 내려놓을 수 있기 때문이다.

"내가 이렇게 된 것은 다 그들 때문이야."

"이 세상이 나를 이렇게 만들었어."

이 말들은 마음을 잠시 보호해주지만 그 자리에 오래 머물수록 삶은 앞으로 나아가기 어렵다. 감정이 강하다고 해서 사실이 되는 것은 아니니까. 감정은 소중하지만 절대적이지는 않다. 감정은 수시로 바뀌고 다른 감정에 밀려나며 생각과 행동에 따라 달라진다. 불편하고 아프다고 해서 곧장 씻을 수 없는 상처나 트라우마라는 이름을 붙일 필요는 없다. 모든 상처가 흉터를 남기는 것은 아니고 흉터 역시 시간이 지나면 흐릿해진다.

그럼에도 우리는 일반적인 고통의 경험까지 상처와 트라우마로 규정하며 그것을 삶의 중심에 두려 한다. 그러면 상처가 주인공이 되고 삶은 배경으로 밀려난다. 과연 그것이 삶의 참모습일까. 자기 삶에서 상처와 불행을 더 많이 찾아낼수록 다른 사람들 역시 그 사람을 상처로만 인식하게 된다. 동정은 쉽게 얻을 수 있을지 모르지만 고통을 중심에 둔 관계는 오래가기 어렵다.

삶의 중요한 선택들이 언제나 고통을 피하는 방향으로만 이루어지지 않음을 명심하자. 어떤 고통은 삶을 멈추게 하기보다 오히려 다음으로 나아가게 만든다. 이 점을 분명하게 보여주는 사례가 가까이에 있다. 바로 출산이다. 아이를 낳는 과정은 무척 길고 고통스럽다. 때로는 생명의 위협까지 동반한다. 그럼에도 사람들은 아이를 낳는다. 고통이 삶을 완전히 멈추게 하지는 않기 때문이다.

친한 지인에게 ADHD 증상이 심했던 아이가 있었다. 키우는 과정은 몹시 힘들었고 수많은 어려움을 겪었다. 하지만 커가며 증상은 일부 호전되었고 아이는 자신의 능력을 발견해 성장했다. 얼마나 수고로웠는지 묻는 질문에 부모는 이렇게 말했다.

"아이 때문에 겪은 고생은 내 인생의 훈장이다."

지금 아프다고 해서 삶의 모든 것을 포기할 필요는 없다. 모든 것이 불가능해지지도 않는다. 당신이 얼마나 아픈지, 얼마나 강한 감정을 느끼는지를 증명하는 데 에너지를 쓰지 않아도 된다. 그 관심과 동정이 삶을 대신 살아주지는 않을 테니.

삶에는 괴롭고 아픈 일도 있고, 즐겁고 고마운 일도 있기 마련이다. 가슴이 몹시 아픈 날은 어쩌면 이 하나를 뽑은 날과 같을지도 모른다. 당장은 몹시 아프지만 반드시 회복될 것이다. 성장하는 사람에게 중요한 것은 지금 무엇을 알고 있느냐가 아니라 앞으로 무엇을 알게 될 것인가이다. 우리는 계속 배우는 사람들이며 배움을 통해 삶은 계속해서 다음을 향해 나아가고 있다.

상처를
허락해도
괜찮다

나의 삼촌 중 한 분은 오랫동안 목수 일을 하셨는데, 거칠고 위험한 건설 현장에서 일하다 보니 크고 작은 부상을 자주 겪으셨다. 하루는 천장 마감재가 떨어지며 머리를 다쳐 열다섯 바늘을 꿰매고도 병원에 하루만 머문 뒤 다음 날 다시 현장에 나가셨다. 한번은 굵은 쇠못이 허벅지 위, 엉덩이 가까운 곳에 박힌 지 일주일도 채 되지 않았을 때였다. 얼마나 아프셨는지 여쭤보자 삼촌은 평소와 다르지 않게 대답하셨다.

"괜찮아. 이 일은 원래 좀 다쳐. 약 먹고 꿰맸으니까 곧

낫겠지. 다들 그런다."

삼촌의 말에는 고통을 부정하는 기색이 없었다. 오히려 그 고통이 자신의 일과 삶 전체를 설명하도록 두지 않았다. 아프면 치료하고 낫기를 기다리며 다시 일을 하면 그뿐이었다. 삼촌에게 고통은 그저 겪는 것이지 붙잡아두고 반복해서 말해야 할 이야기는 아니었다. 하지만 모든 사람이 고통을 이렇게 다루는 것은 아니다.

예민한 감각을 타고나 섬세한 일을 잘 처리한다고 알려진 X는 발표 자료를 복사해 나르던 시절 페이퍼컷을 자주 겪었다. 깊게 베어 아플 때도 있었지만 대부분 연고를 바르고 밴드를 붙이면 하루 이틀 만에 낫는 상처였다. X는 그 작은 상처들조차 자기 일의 어려움으로 자주 이야기했고 친구들은 익숙하게 공감과 위로를 건넸다. 하지만 그것만으로 X의 일이나 삶의 조건을 바꿀 수는 없었다.

사람은 누구나 자신의 고통이 가장 크게 느껴진다. 그 결과 타인의 고통은 상대적으로 작아 보이기 쉽다. 위기와 시련, 좌절과 상실도 마찬가지다.

인생에서는 즐거움과 행복을 경험하는 태도도 중요하지만, 고통과 불행을 어떻게 겪어내는지가 그 사람의 됨됨이를 분명히 드러낸다. 행복을 누리는 것보다 고통을 견디는 데 훨씬 더 많은 에너지와 의지가 필요하기 때문이다.

"위대함은 지능이 아니라 인성에서 나온다. 인성은 똑똑해서 형성되는 것이 아니라 고통의 과정을 통해 만들어진다."

엔비디아의 경영자 젠슨 황의 말이다. 괴로움을 통과하는 과정은 그저 나쁘기만 한 일이 아니라 삶의 태도와 기준을 단단하게 만드는 시간이기도 하다. 고통과 불편은 지극히 주관적으로 경험된다. 같은 상황도 사람마다 다르게 느끼고 같은 사람이라도 맥락과 컨디션, 감정 상태에 따라 다르게 받아들여진다. 생각과 기대, 신념과 습관 역시 경험의 강도를 크게 바꾼다.

살기 힘들어졌다고 느끼는 이 사회에서 높은 스트레스는 어느새 괜찮은 삶을 위한 전제처럼 여겨진다. 우리 역시 그만큼 많은 대가를 치르며 살고 있다. 서로에게 높은 기준을 요구하고 기대하면서 그것이 충족되지 않을 때 좌절과 분노를 느끼고 그 탓은 타인에게 돌린다. 서로에게 다정할 수 있음에도 거리에서 마주치는 얼굴에는 여유나 희망보다 무표정과 피로가 먼저 보인다. 이런 조건이라면 모두가 성공하거나 늘 행복할 수 없다. 경쟁과 실패, 좌절과 상처는 피할 수 없는 삶의 일부가 되어버린다. 중요한 것은 그 아픔을 어떻게 부르고 어떤 이름으로 받아들이느냐이다. 단순한 태도의 문제가 아니라 삶을 만들어가는 방식에 대한 선택이다.

자신의 고통에만 시선을 고정하는 방식이 과연 삶을 더 잘 살아가게 돕는가. 살면서 내리는 수많은 선택은 결국 스스로 결정하고 결과를 감당하며 배워야 하는 것들이다. 누군가 대신 내려준 결정이나 준비되지 않은 상태에서 받은 조언은 오래 남지 않는다. 지나친 개입과 지시는 기대만큼의 결과를 낳지 못한다. 그런 점에서 고통을 겪는 방식을 누군가에게 배우기란 어렵다. 단순히 지식의 문제가 아니라 스스로 깨닫고 받아들여야 하기 때문이다. 배울 준비가 되어 있지 않다면 아무리 좋은 말이라도 스쳐 지나가고 만다. 주변의 위로와 공감은 언제나 도움이 되지도 않고 세상을 객관적으로 바라볼 기회를 오히려 늦추기도 한다.

고통을 크게 만들수록 강해지는 것이 아니라 오히려 더 쉽게 무너진다. 삶에 고통을 계속 초대하면 고통은 손님이 아니라 주인처럼 머물게 된다. 상처는 있어도 괜찮다. 다만 그 상처가 삶의 중심에 앉게 할 필요는 없음을 명심하자.

내적 동기와
외적 동기

연습생들 중에는 외모만으로 타인을 사로잡는 이들이 있다. D가 그랬다. 유난히 큰 키와 우수에 찬 표정, 말도 안 되게 잘생긴 얼굴로 캐스팅된 연습생이었다. 사실 D에게는 처음부터 '가수가 되겠다'는 확실한 꿈이 있지 않았다. 그저 외모가 워낙 뛰어나 기회를 얻었고 시작한 이상 최선을 다했을 뿐이다.

하지만 뒤늦게 출발한 만큼 기초가 부족했고 연습량에 비해 성과는 더뎠다. 하기 싫어서가 아니라 잘되지 않아서 괴로웠다. 평가가 이어질수록 무력감이 커졌고 자신감은 점점 꺾였다. 특히 시간이 지날수록 연습의 고됨보다 혼자 남아 있는 어머니에 대한 걱정이 그를 짓눌렀다. 나이가 많은 홀어머니는 무릎 통증으로 고생하면서도 생계를 위해 일을 쉬지 못하셨다. 그 탓에 숙소 생활을 하는 외아들의 마음은 늘 무거웠다. D의 생각은 점점 한곳으로 모였다. '내가 버텨서 성공해야 한다. 그래야 엄마를 도울 수 있다.'

그는 데뷔 조의 센터 후보로 거론될 만큼 주목받았지만 몸과 마음이 점점 굳어가고 있었다. 회사 역시 그의 상태를 걱정했고 그렇게 상담은 시작되었다.

늘 그렇지만 연습생을 대상으로 하는 상담이나 교육은 언제나 시간이 부족하다. 레슨과 연습, 스케줄이 빽빽하게 잡혀 있어 따로 시간을 내기 어렵다. 거기다 회사는 단기간에 큰 변화를 기대한다. 다행히 그가 소속된 회사의 대표는 연습생과 아티스트의 마음 건강에 대한 이해가 깊었고 회사가 그들의 마음을 돌봐야 한다는 철학을 가지고 있었다. 하지만 신인 개발팀의 입장은 달랐다. 그들에게는 성과를 보여야 하는 압박이 있었다. 연습생의 실력이 다른 모든 것에 앞서는 목표였다.

D는 데뷔 조의 맏형으로서 다른 멤버들을 챙겼고 예의 바르며 기본적으로 인성이 훌륭했다. 아마 생활이 조금 더 안정적이고 가정 형편이 나았다면 연습에 더 집중해 크게 성장했을 것이다. 왜냐하면 D에게 가장 큰 성공 동기는 어머니였기 때문이다.

"제가 덜 먹고 덜 쓰면 됩니다. 엄마 치료를 위해서라면 연습생 생활도 그만둘 수 있어요."

그 마음은 진심이었지만 바로 그 지점이 그를 가장 위태롭게 만들고 있었다. 나는 그에게 물었다.

"앞으로 몇 달만 더 버티기로 해요. 지금 나가서 버는 돈으로는 어머니를 제대로 도울 수 없어요. D가 앞으로 이룰 많은 성취를 놓치면 안 돼요. 만약 데뷔를 하면 삶에는 어떤 변화가 생길까요?"

그의 이야기를 들으면 들을수록 그가 나쁜 선택을 하고 있는 사람이 아니라 자신을 지탱하는 이유를 한쪽에만 걸어둔 상태라는 생각이 들었다. 그의 사정을 다 듣고 나니 그에게 새로운 의지와 관점을 심어주고 싶었다.

이후 상담을 하며 D는 처음으로 자신의 미래를 그리기 시작했다. 무대에 서는 자신, 그 모습을 보고 기뻐할 어머니, 자랑스러워할 가족의 얼굴. 구체적으로 이야기를 하기 시작하니 그의 표정도 점점 밝아졌다.

"어머니 치료도 받게 해드리고 행복하게 해드리고 싶어요. 제가 무대에 서서 노래하고 춤추는 모습을 보신다면 무척 행복할 것 같아요. 저를 자랑스러워하시겠죠."

"그게 D가 버텨야 할 이유이자 포기할 수 없는 이유이겠네요."

가수로서 실력보다 더 중요한 것은 그 일을 하는 이유이다. 심리학의 동기 이론에 따르면 사람은 의미 있는 타인을 위해 노력할 때 강력한 힘을 낸다.

그는 최종 데뷔 멤버가 되기 위해 더 집중하고 열심히 연습했다. 상담을 통해 가수로서의 마음가짐과 프로 정신, 자신을 단련하는 이유, 무대 위에서 사람들에게 감동과 위로를 주는 일의 의미에 대해서도 이야기했고 그는 잘 받아들였다. 마지막 상담에서는 물질적 성공보다 가수로서의 사명감, 진정한 행복, 음악이 세상에 끼치는 영향력을 다룰 계획이었다.

어떤 일이든 처음에는 돈이라는 외적 동기에서 출발하지만 그 일을 진심으로 좋아하고 몰입하게 만드는 내적 동기가 생길 때 비로소 삶의 중심이 된다. 내적 동기가 강한 사람은 훈련이 고되지 않다. 그 일 자체가 보상이고 더 잘하고 싶은 마음이 자연스럽게 자란다. 반면 내적 동기 없이 오직 외적 동기만으로 일하는 사람은 보상에만 몰두한다. 성과도 곧 돈의 연장선일 뿐이다. 일은 수단이 되고 의미보다는 결과가 전부다. 내적 동기로 움직이는 사람들이 일에서 느끼는 애착과 자부심이 현저히 적다.

나는 마지막 상담에서 그가 이런 내적 동기를 스스로 발견하길 바랐는데 마지막 상담을 앞두고 회사로부터 연락이 왔다.

"이번 상담은 D와 다른 멤버들의 일정으로 인해 연기하게 되었습니다. 죄송합니다."

그 연락이 마지막이었다. 그로부터 몇 달 뒤, 다른 멤버의 상담 중 D가 최종 탈락했다는 이야기를 들었다. 너무 마음이 아팠다. 이유를 물었더니 최종 면담에서의 대답 때문인 것 같다고 했다. 왜 데뷔를 하고 싶은지 묻는 회사의 질문에 그는 솔직히 대답했다고 한다.

"어머니가 아프셔서요. 꼭 성공해야 합니다."

그는 진심을 다해 말했지만 그 말은 상대에게 이렇게 들렸을 것이다.

'이 일은 저에게 수단일 뿐입니다.'

회사는 결국 음악적 성공이 먼저인 아티스트를 선택했고 D는 팀에서 빠지게 된 것이다.

그 선택 이후 D의 삶은 잠시 멈춘 듯 보였다. 그러다 몇 달이 흘렀을 무렵 그가 다른 길을 준비하고 있다는 소식이 들렸다. 긴장과 다이어트가 끝나자 체중이 20킬로그램 가까이 늘었다가 다시 줄어들고 있었고, 아르바이트를 하며 모델과 배우 오디션을 보고 있다고 했다. 그는 친한 주변 사람들에게 말했다.

"지나고 보니 그 길이 제 길은 아니었나 봐요."

시간이 흐른 지금도 D의 이야기는 마음 한구석에 남아 있다. 만약 마지막 상담이 이루어졌더라면, 그가 면담 자리에서 "정말 가수가 되고 싶습니다. 무대에 서고 싶어요"라는 열망을 먼저 말했더라면 결과가 달라졌을까.

한 사람의 인생이 능력이나 성실함만으로 결정되지 않는다는 사실과 삶의 이유를 어디에 두느냐가 얼마나 중요한지 다시금 생각하게 한다. 어떤 일이든 그 일을 좋아하는 사람이 더 오래 버티고 더 많이 연습한 결과 결국 더 잘하게 된다. 일 자체가 보상인 사람들, 그들이 바로 내적 동기로 움직이는 사람들이다.

전 농구선수이자 방송인 서장훈은 한 방송 프로그램에서 말했다.

"노력하는 자가 즐기는 자를 이기지 못한다는 말은 거짓이에요. 즐기는 자는 없어요. 성공한 사람들은 다 피나는 노력을 한 사람들이에요."

맞는 말이다. 그 일이 좋아서 한다는 내적 동기를 가진 사람은 단순히 그 일을 즐기면서만 하지 않는다. 즐길 수 없는 상황 속에서도 계속하려고 한다. 고통스러운 훈련과 고생을 겪으면서도 더 잘하고 싶은 마음을 버리지 못한다. 돈 버는 일을 즐기면서 한다는 생각은 현실과 동떨어진 이야기이다.

자기가 좋아하는 일을 하게 되었다면 대단한 축복이지만 그 안에도 여전히 어려움과 고비가 남아 있다. 어렵게 찾았어도 막상 잘하지 못할 수도 있고 사회적인 가치를 인정받지 못해서 수입이 없을 수도 있다.

세상 사람 모두가 좋아하는 일을 하며 살 수 없다. 대부분은 생계를 위해 일한다. 그럼에도 어떤 이들은 그 일을 조금 더 잘하려 하고, 그 일이 세상을 조금이라도 나아지게 한다는 믿음을 붙잡으려 한다. 세상은 바로 그런 사람들에 의해서 돌아간다.

　　D가 어떤 일을 하게 되든 그가 지닌 착한 마음으로 사람들에게 좋은 영향을 주며 살아가기를 바란다. 물론 운명이 그를 돕지 않았을 수도 있지만 인생에 무대가 하나만 있는 것은 아니니까. 그에게는 이미 다른 장면으로 나아갈 힘이 있음을 믿는다.

2부

자기 연민은 친구일까 함정일까

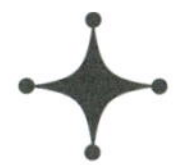

트라우마라는
과장법

지난주 T와의 갈등으로 눈물까지 흘렸던 E가 이번 주에는 다른 멤버 S로 인해 겪은 괴로움을 상담에서 털어놓았다. 팀으로 짜여 데뷔 준비를 하고 숙소에서 함께 생활하면서 숙식을 같이 해도 서로 가까워지기란 쉽지 않은 듯하다. 댄스 실력 문제로 데뷔 조 합류 때부터 기존 멤버들의 불만과 지적의 대상이 되어버린 E였다. 그는 고참 멤버들로부터 지적도 몇 차례나 받았다. 숙소로 돌아와서는 가족들에게 연습생 생활의 괴로움을 전하면서 눈물을 흘리고 그만두겠다는 말을 몇 번이나 했다. 하지만 막상 가족이 그만두자고 하면 화를 내며 그렇게 할 수는 없다고 반발했다. E는 가족들에게 화풀이를 하며 자신이 겪는 스트레스를 견디고 있었다. 시간이 길어질수록 그의 내면과 정신도 점점 파괴되는 듯했다.

회사는 물론 다른 연습생들에 대한 불만도 쌓여갔다. 바로 얼마 전 회사에서 방출 통보를 받은 선배 연습생과는 사이가 좋지 않았지만 막상 그 선배가 떠나자 연습생들 모두가 '다음은 내 차례가 아닐까' 하고 큰 두려움과 걱정에 휩싸였다. 자신을 힘들게 했던 선배가 떠났다는 안도감보다 경력자마저 방출되는 현실이 더 큰 불안으로 다가왔다.

E는 그런 일들을 트라우마라고 표현했다. 격주로 진행되는 전체 상담 시간마다 그는 그 트라우마가 반복적으로 스트레스를 만들어 탄수화물에 대한 충동과 간헐적 폭식으로 이어진다고 말했다. 그러면서 결과에 대한 후회가 다시 상처를 자극하며 악순환이 계속된다고 믿었다.

우리는 흔히 상처라는 말로 충분하지 않을 때 트라우마라는 단어를 꺼내든다. 그 말은 실로 강력하다. 설명하지 않아도 많은 것을 말해주는 것처럼 느껴지고 질문을 멈추게 만드는 힘이 있다. 사람들이 트라우마라는 말을 쓰는 방식은 대개 이렇다.

'아직도 나에게 영향을 주는 고통의 기억.'

'쉽게 회복되지 않는 아픔.'

'그래서 지금의 나를 이해받아야 하는 이유.'

문제는 그 단어가 실제 경험의 크기보다 경험을 해석하는 방식을 먼저 결정해버릴 때다. 의학적 의미에서의 PTSD(외상 후 스트레스 장애)는 생명과 안전이 중대하게 위협받는 외상적 사건 이후 나타나는 심리 반응을 설명하기 위해 만들어진 진단이다. 전쟁, 납치, 강간, 살인미수 같은 사건들이 여기에 해당한다. 하지만 일상의 고통과 좌절, 관계의 실패와 상실까지 모두 같은 언어로 묶이는 순간 우리는 이렇게 말하게 된다.

'이건 내가 감당할 수 없는 일이다.'

트라우마나 PTSD 같은 말을 자주 쓰게 되면 현실을 온전하게 받아들이는 데 방해를 받는다. 그 단어가 현실을 해석하는 유일한 렌즈가 될 때 삶은 그것을 중심으로 재편된다. 자기가 겪은 일들이 실제보다 더 나쁘고, 위험하고, 어렵고, 고통스럽다고 느끼게 된다. 견뎌온 시간, 이미 회복 중인 과정, 앞으로의 가능성들이 한꺼번에 가려진다.

어떤 사람들은 고통이 지워지는 것을 망설이기도 한다. 아직은 아프다는 이유로, 이해받지 못했다는 이유로 그 경험을 트라우마라는 이름으로 붙잡아둔다. 그렇게 하면 설명이 쉬워지고 질문은 줄어드니까.

하지만 그 선택이 실제로 삶을 도울까. 트라우마라는 말을 자주 사용할수록 우리는 자신을 더 연약한 존재로 규정하게 된다. 견딜 수 있었던 일조차 견딜 수 없었던 일로, 지나가고 있는 고통조차 극복 불가능한 사건으로 바꾸어놓는다. 나쁜 기억이 삶의 중심으로 올라오고 다른 선택들은 점점 설 자리를 잃는다.

나쁜 기억은 악질 채권자와 닮아 있다. 이미 지불한 대가로도 부족하다고 말하며 더 많은 것을 요구한다. 계속해서 값을 치르지 않으면 삶을 위협할 것처럼 굴지만 사실은 우리가 그 자리에 머물러주고 있을 뿐이다.

내가 하는 일은 사람들이 자신에게 너무 가혹한 해석을 하고 있는 지점을 알아차리게 돕는 것이다. 더 나은 선택이 가능하다는 사실, 이미 충분히 해내고 있다는 사실을 스스로 확인하도록 돕는 것, 그것이 나의 사명이다.

이어서는 실제로 고통을 겪었지만 그 경험에 머무르지 않고 삶을 다시 선택한 사람의 이야기를 해보려 한다. 그 사람은 바로 내 친구이며 지금 내가 이 일을 하게 된 근본적인 이유이기도 하다.

삶은
누구에게나
가혹해질 수 있다

"너한테 무슨 문제가 있는 게 아니니?"

이 말은 질문처럼 들렸지만 사실은 결론에 가까웠다. 잘난 척하는 꼴이 보기 싫다는 이유로 학교 폭력의 표적이 되었고 시샘하는 무리로부터 언어적·신체적 폭력을 당하던 S가 담임 선생님에게 도움을 구했을 때 돌아온 말이다. 다른 교사들도 크게 다르지 않았다. 부잣집 아이들에게 괴롭힘을 당하는 가난한 집 아이의 이야기는 사람들에게 흥미롭지 않았다. 괴롭힘을 당한다면 그 아이에게도 무슨 문제가 있을 거라는 암묵적 합의가 당시 그를 둘러싼 현장에 깔려 있었다.

그날 이후 S는 더 이상 입을 열지 않았다. 피해를 알리는 일도, 도움을 구하는 일도 그만두었다. 말해봐야 돌아오는 건 의심과 냉소뿐임을 이미 배운 탓이었다. 가정 폭력이 반복되던 집을 벗어나도 폭력은 끝나지 않았다. 장소만 바뀌었을 뿐이었다. S는 졸업만을 기다렸다. 혼자 살아갈 수만 있다면 이 삶을 벗어날 수 있을 거라고 믿으며 버텼다.

하지만 입시를 앞두고 당한 교통사고가 그 계획을 산산이 부쉈다. 네 달을 꼼짝 없이 병원 침대에서 보냈고 그 뒤로도 다섯 달 넘게 통원 치료를 받아야 했다. 부모님은 거의 병원을 찾지 않았다. 아프지 않은 곳이 없었지만 몸의 고통보다 더 견디기 힘든 것은 외로움이었다.

"누가 뒤에서 차로 한 번에 나를 쳐줬으면 좋겠어."

그 말은 분노도 절규도 아니었다. 그저 이 상황을 체념하며 남긴 바람이었다. 모든 것이 다 끝나면 좋겠다는 생각으로 하루하루를 버텼다. 그러면서도 S는 배움을 멈추지 않았다. 부지런하고 머리가 좋았던 그는 일을 시작하면 누구보다 빠르게 인정받았고 성과는 곧 기회로 이어졌다. 세일즈 분야에서 두각을 드러내며 승진을 거듭했다. 돈을 벌기 시작하자

대학에도 들어갔다. 살아보려는 의지가 그를 계속 움직이게 했다.

얼마나 행복했을까. 삶이 다시 그의 발목을 잡았다. 독립하려는 시도를 방해하며 돈을 요구하는 부모, 직장 내 정치와 음해, 편법을 강요하는 구조가 그를 가로막았다. '불행은 내 운명인가'라는 생각이 고개를 들 무렵 아주 다정한 사람이 나타났는데 그와 함께 있으면 고통이 사라졌다. 자신이 이렇게 행복해도 되는지 스스로를 의심할 만큼.

애석하게도 나중에 알고 보니 그 다정함은 가면이었다. 협박과 가스라이팅, 폭행과 갈취가 반복되었다. 벗어나려는 시도는 더 큰 폭력으로 돌아왔다. 공권력과 법률 전문가들은 공정하지도 친절하지도 않았다. 그들에게 편한 결론을 먼저 정해두고 S의 사건을 거기에 끼워 맞췄다. 정의는 구호에 불과했다. 이쯤 되면 묻게 된다. 이런 삶을 무엇이라고 불러야 할까.

'트라우마.'

반복되는 폭력, 피할 수 없는 위협이 계속되지만 고통을 막아줄 사람은 주변에 없었다. 어떻게 해도 S의 고통은 끝이 나지 않을 것 같았다. 삶을 저주하는 감정들이 폭발해서 무너져 내릴 때 따뜻한 마음의 친구 몇 명이 S를 지탱해주었다. S가 어떤 상황인지 수시로 확인했고 위급한 상황에는 달려와 도움을 주었다.

이렇듯 삶이 끝나지 않을 것 같던 시간 속에서 S는 스스로에게 단 하나의 약속을 했다.

'안락사를 선택할 수 있는 나라, 스위스로 갈 수 있는 돈을 모을 때까지 버티자. 딱 3년만 더 살아보고 그래도 안 되면 스위스로 가자.'

S에게 버텨야 할 이유가 되어준 말은 그런 것밖에 없었다. 당시에는 그런 말만이 현실적인 희망을 품게 했다. 당장 죽겠다는 선언이 아니라 지금 당장은 죽지 않겠다는 약속이었다. 그 약속 하나가 S를 살게 했다.

나에게 심리학을 배운 S라는 분의 실제 이야기이다. 그는 지금껏 내가 만나본 학생 중 단연 최고였다. 아는 것도 많았고 이해력도 좋았다. 무엇보다 배움에 대한 태도가 진지했다. 자신의 우울과 공황을 부정하지 않았지만 그 상태에 평생 머무를 이유가 없다고도 생각했다.

S는 자신이 동정의 대상이 될 수 있다는 사실까지 인정했으나 스스로를 계속 피해자의 위치에 두고 싶어 하지는

않았다. 상처를 부정하지도 과장하지도 않았다. 다시 무너질 수 있다는 가능성을 알면서도 지금의 삶을 잘 살아가고 싶어 했다. 아무도, 심지어 사랑했어야 마땅한 사람들이 자신을 사랑하지 않았지만 그는 스스로를 사랑하겠다고 선택했다.

S의 이야기는 우리가 겪는 삶의 고통과 좌절을 다르게 볼 이유를 알려주고 지혜와 용기를 북돋아준다. 모든 고통은 겪는 사람이 어떻게, 얼마나 견디기로 하느냐에 따라 정도가 달라진다. 고통에 자꾸 트라우마라는 옷을 입히는 것은 도움이 되기보다 오히려 그것을 감당할 능력과 의지를 훼손한다.

고통은 피할 수 없지만 그것이 삶의 전부가 되도록 허락할지 말지는 다른 문제이다. S의 삶이 특별해서가 아니다. 삶은 누구에게나 송두리째 무너질 만큼 가혹해질 수 있다. 다만 그런 순간에도 누군가는 자기를 포기하지 않고 살아감을 이 이야기를 통해 보여주고 싶었다. 여기서 무엇을 깨달을지는 각자에게 달려 있다. 어떤 이는 아무것도 느끼지 못할 수도 있고, 어떤 이는 삶을 다시 조명할 이유 하나를 얻게 될지도 모르겠다.

자신을
대하는
방법

세상이 우리에게 우호적이지 않을 때, 난관과 좌절이 연달아 찾아올 때, 그때야말로 삶에 가장 중요한 질문이 등장한다.

'나는 지금 나를 어떻게 대하고 있는가.'

세상을 어떻게 보는지에 대한 문제 같지만 그보다 앞선 질문이다. 자신을 어떤 태도로 대하느냐에 따라 세상은 전혀 다른 얼굴을 드러낸다. 원망과 절망으로 바라볼 수도 있고 비관과 경계의 마음을 굳힐 수도 있다. 혹은 여전히 희망을 찾으려 하고 긍정적인 가능성에 눈을 두려 할 수도 있다. 그 선택이 당장은 정신 승리처럼 보일지라도 말이다.

흔히 낙관과 긍정은 오해를 받는다. 현실을 모르는 태도, 상황 파악이 안 된 상태, 정신을 제대로 차리지 못한 모습처럼 보이기도 한다. 특히 스스로를 냉정하고 이성적이라 여기는 이들은 낙관보다 경계, 희망보다 분석이라는 말을 더 신뢰한다.

진정한 긍정은 세상을 무턱대고 좋게만 보는 태도가 아니다. 현실의 어두운 면을 부정하지 않으면서도 거기에만 머물지 않겠다는 선택에 가깝다. 나쁜 점에만 몰두할수록 용기는 줄어들고 다시 시도할 힘은 생각보다 빨리 고갈된다. 누구나 자기의 컨디션을 지키고 의지를 다시 세우기 위해 의도적으로 희망을 선택한다. 결과를 믿어서라기보다 다시 시도할 힘을 스스로에게 남겨두기 위한 선택이라고 볼 수 있다.

긍정적인 사람은 분별없이 덤벼들지 않는다. 목적을 점검하고 기회를 고르며 때로는 기다릴 줄도 안다. 기다림은 늘 불안과 의심, 성과 없는 시간으로 채워지는데 그 시간을 버티기 위해서라도 긍정과 낙관이 필요하다.

냉철함도 마찬가지다. 하지 말아야 할 것에만 매달리

는 태도는 냉철함이 아니라 가능성을 닫아버린 비관에 가깝다. 냉철함이란 될 수 없는 것을 분명히 알아보고 내려놓은 뒤, 가능한 것에 에너지를 집중하는 능력이다. 물론 그 과정은 길고 성가시며 쉽지 않다. 정말로 냉철해지려면 조급함과 침울함이 아니라 긍정적인 태도를 유지할 수 있어야 한다.

이때 성취만큼 중요한 것이 있다. 다치지 않는 것, 망가지지 않는 것, 회복 불가능한 손실을 피하는 것이다. 아무리 많은 것을 이루었더라도 그 과정에서 삶이 무너진다면 성취는 빛을 잃는다.

상처의 크기는
결국
내가 정한다

어느 팀에나 비주얼을 담당하는 멤버가 있다. 그에 비해 실력은 뛰어나지만 외모 때문에 주목받지 못하는 멤버도 있다. C는 자신이 후자라고 생각했다. 춤도 잘 추고 노래 실력도 뛰어나고 매너와 태도도 훌륭하지만 평범한 외모 탓에 최종 멤버가 되지 못할까 봐 늘 걱정이었다. 나는 C에게 말해주었다.

"얼마나 잘생겨야 충분할까요? 제 생각에는 다른 멤버들이 외모로 집중받을 때 C의 다른 매력에 집중해도 된다고 생각해요. 부족한 것에만 집중해 주눅이 들고 자신이 없는 모습을 무대에서 보이면 사람들을 열광시킬 수 없어요. 사람들은 원래부터 뛰어난 사람을 좋아하기도 하지만 무언가에 빠져 미친 듯이 해내는 사람을 더 좋아해요. 매력으로 승부하는 사람이 되세요. 외모가 출중하지 않음을 아쉬워하기보다 그것을 인정하면서도 당당한 모습을 보여주세요. 당당한 모습만큼 멋진 것은 없죠. 그냥 잘생기기만 한 것보다 훨씬 더 멋져요. 아까도 보니까 틈만 나면 동작 연습하던데 그런 게 진짜 멋진 거죠.”

세상 일이 그렇다. 인정하고 나면 별것 아닌 것들이 많다. 만약 누군가 못생겼다고 평가하면 그렇게 보일 수도 있겠다고 인정하라. 단정해서 아니라고 하지 말고. ‘내가 봐도 그렇다’라고 해도 된다. 자신을 기꺼이 받아들이는 태도와 언행은 다른 사람들이 좀처럼 가지지 못하고 있는 자신감, 자기 수용의 사례로 인식된다. ‘이 사람 당당한데’, ‘이 사람 넉넉하고 괜찮은데’라고 말이다.

작은 키를 콤플렉스로 여겨서 늘 머리를 세우고, 높은 굽의 신발을 신고 다니던 가수 I가 어느 날부터인지 그 스타일을 고집하지 않았다. 팬들이 자신을 사랑하는 이유가 키에 있지 않음을 깨달았기 때문이다. I의 이야기를 덧붙여 C에게 해주자 확실한 롤 모델이 생긴 듯했고 본인이 받아들이는 만큼 콤플렉스의 영향력이 커짐을 실감하게 되었다.

우리는 지나가는 모든 감정을 너무 애쓰면서 꽉 붙잡은 채 살아간다. 콤플렉스도 마찬가지다. 모름지기 콤플렉스란 내려놓는 순간 힘을 잃기 마련이다. 결국 누가 나를 어떻게 보느냐는 중요하지 않다. 그렇게 보인다고 삶이 무너지거나 쓸모없는 사람이 되는 것은 아니니까. 달라지는 것은 하나도 없다.

살면서 상처를 입는 경험 자체를 피할 수는 없지만 그것을 삶의 중심에 둘지 아니면 지나가는 경험으로 흘려보낼지는 선택의 문제에 가깝다. 타인의 말과 생각이 상처가 되도록 매번 허락한다면 같은 상처를 반복해서 겪게 된다. 키가 작다는 말에 상처를 받기로 한다면 그 말은 앞으로도 계속 나를 다치게 할 것이다. 과연 그 말들은 상처로 인식할 만큼 대단히 중요할까.

‘키가 크다, 작다, 뚱뚱하다, 말랐다, 실력이 부족하다, 연습이 모자라다, 가난하다, 돈이 많다, 피부가 어둡다, 너무 하얗다……’

사람들은 늘 다른 사람의 어떤 부분에 대해 평가하고 이야기한다. 모욕을 주려기보다는 그렇게 보이는 것을 그대로 입 밖에 내는 경우가 많다. 명절에 만난 친척이 "공부는 잘하니?", "취직은 했니", "결혼은 언제하니?"라고 묻는 것처럼 말이다.

물론 눈에 띄는 것을 묻는 것과 그 사람의 존재를 부정하는 것은 다르다. 아울러 자신이 취약하다고 느끼는 부분에 대해 다른 사람들이 조심해주길 바랄 수는 있어도 타인의 생각과 말까지 우리가 통제할 수는 없다. 중요한 것은 그 말들이 남기는 상처의 크기는 결국 내가 결정한다는 사실이다.

대단하다고 받아들이면 대단해지고 별것 아니라고 여기면 별것 아니게 된다. 그러든 말든 하면 아무것도 아닌 일이 되기도 한다. 싫은 소리를 들으면 그냥 싫다고 느끼자. 불편할 때는 불편하다고 인정하면 그만이다. 굳이 그 감정을 상처라는 이름으로 오래 남겨둘 필요가 없다.

이때 단점을 보완하려고 노력하는 것은 좋은 선택이 된다. 키를 크게 할 수는 없지만 그렇게 보이도록 옷을 입을 수는 있고 몸을 관리할 수도 있다. 실력이 부족하다면 준비를 더 할 수도 있다. 다만 바꿀 수 없는 것에 몰두하거나 인정받지 못하면 쓸모없는 사람이 된다는 생각에서만은 반드시 벗어나야 한다.

인간이기에 상처를 느끼는 것은 피할 수 없는 문제일지 모르나 그 상처에 머물지 거기서 나아갈지는 나의 선택임을 기억하자.

격한 감정은
판단을
왜곡한다

Y는 부모의 소개로 상담실에 들어오게 되었다. 처진 어깨가 의자에 닿자마자 가볍게 들썩였다. 무언가 말을 꺼내기 어려워 보이는 표정이었다. 부모님에게 들은 상황을 간단히 정리해주고 요즘 기분이 어떤지 묻자 잠시 침묵하다가 입을 열었다.

"기분이 몹시 나빠요. 그리고 사는 게 너무 힘들어요."

우울을 겪는 사람들에게서 자주 보이는 얼굴이었다. 의욕도 기대도 즐거움도 모두 빠져나간 듯한 표정. 시선은 테이블 가운데에 고정되어 있었다. 그에게 학교생활은 어떤지, 친구 관계에 문제는 없는지, 특별히 힘들게 한 사건이 있었는지 물었다. Y는 더디게 고개를 저었다.

"별로…… 그런 건 없어요."

조금 더 자세히 설명해줄 수 있는지 묻자 Y는 마치 9회 말 패전 투수가 마운드를 내려오듯 체념한 목소리로 말했다.

"제가 다 망쳤어요. 다 제 탓이에요."

"무엇을 망쳤을까요?"

"잘 모르겠어요. 그냥…… 다 망한 것 같아요. 다 망해 버렸으면 좋겠어요."

우울이라는 고통을 겪는 사람에게 이 말은 낯설지 않다. 사실 우울은 하나의 감정이 아니다. 하나의 사건으로만 생기지도 않는다. 불안, 상실감, 걱정, 자책, 두려움, 죄책감, 무력감이 한 방향으로 모여 우울이라는 방을 채운다. 여기에 그 방을 넓히는 문장이 있다.

'내가 다 망쳤어.'

이 말에는 두 가지 뜻이 내포되어 있다. 하나는 내 삶이 혹은 현재나 인생이 망했다고 느껴진다는 것. 다른 하나는 그 모든 원인이 전부 자기라는 확신이다. 이 확신이 위험한 이유는 간단하다. 사실과 다를 가능성이 매우 높기 때문이다.

격한 감정은 언제나 판단을 왜곡한다. 특히 부정적인 감정은 상황을 실제보다 더 나쁘게 보이게 하고 세상과 사람을 위험한 존재로 믿게 만든다.

'내가 다 망쳤다'라는 말은 아직 망쳐지지 않은 것을 이미 다 끝난 일처럼 단정하는 경우가 많다. 정확하지도 않을뿐더러 섣부른 단정일 때가 더 많다.

흥미로운 점은 같은 말을 전혀 다른 의미로 사용하는 사람들도 있다는 것이다. 어떤 이들은 실패나 좌절의 순간에도 이 말을 책임의 고백이 아니라 다시 선택하기 위한 출발점으로 쓰기도 한다.

한 배우가 시상식 무대에 올랐을 때의 일이다. 그는 이미 여러 시상식에서 수상 경력을 쌓았고 내심 기대했던 오스카 시상식에는 수상자가 아닌 시상자로 무대에 서게 되었다. 그는 그 자리에서 말했다.

"신사 숙녀 여러분, 저는 오늘 밤 영화 편집의 탁월한 성과를 시상하기 위해 이 자리에 섰습니다. 그게 전부예요."

"다른 것은 걱정할 필요가 없습니다. 얼굴 비추고 파

티나 즐기면 되죠. 아…… 죄송해요. 이렇게 될 줄 몰랐어요. 오스카상을 받는 것이 세상에서 가장 중요한 일은 아니죠. 지명만 돼도 영광인데, 오, 신이시여.(우는 것을 힘겹게 참으면서) 흐윽.”

“다 제 잘못이에요. 제가 다 망쳤어요. 한 달 전쯤에 제 자신한테 투표하면 결과가 좀 달라질 줄 알았는데. 정말 이 자리에서 수상 소감을 말하고 싶었는데. (확신에 찬 표정으로) 어쨌든 누가 신경 쓰겠어요. 전 로베르토 베니니(당시 〈인생은 아름다워〉로 아카데미 남우주연상 수상)한테 졌을 뿐인데요. 그가 제 영역에까지 뛰어들었습니다.”

바로 배우 짐 캐리의 이야기이다. 이후 그는 유창하고 정확하게 편집상의 중요성을 설명하고 후보들을 소개했다. 또한 탈락한 사람의 자리에 서서 자신을 웃음의 재료로 만들었다. 패자의 위치에서 자기 연민 대신 자기가 가장 잘하는 일을 선택했다. 그 장면은 준비된 유머였지만 동시에 진심이었다. 배우로서만이 아니라 타인을 행복하게 만들려는 사람으로서의 사명감과 품격을 보여줬다.

‘제가 다 망쳤어요’와 같은 문장이지만 결과는 완전히 달랐다. 누군가는 이 말을 하며 자책의 감옥에 자신을 가두고 열쇠를 창밖으로 던진다. 반면 누군가는 이 말을 다시 자기 자리에 서기 위한 재료로 쓴다.

　좌절과 실패, 불편과 고통은 그 자체로 삶의 방향을 결정하지 않는다. 그것을 어떻게 받아들이느냐에 따라 전혀 다른 길로 이어질 뿐이다. '내가 다 망쳤다'라는 말이 끝을 선언하는 문장이 될 수도 있고 다시 시작하기 위한 일종의 아이러니한 농담이 될 수도 있다. 결국 문제는 말이 아니라 그 말을 어디에 쓰느냐에 있다.

제대로
질문하기

"나쁜 질문에는 나쁜 답이 돌아온다. 더 나쁜 질문에는 아예 답이 없다. 원하는 것이 무엇인지 알아야 한다. 아직 얻지 못한 것을 얻기 위해."

질문에 대한 유명 격언이다. 물론 좋은 질문을 던진다고 해서 언제나 좋은 대답이 나오는 것은 아니다. 하지만 나쁜 대답을 반복해서 얻고 있다면 그 출발점이 된 질문부터 의심해볼 필요가 있다.

우리가 자주 붙잡는 나쁜 질문들은 대개 이런 것들이다.

"나는 왜 이렇게 행복하지 못한가?"

"나는 왜 태어났나?"

"나는 왜 이것밖에 안 되나?"

위 질문들이 좋지 않은 이유는 분명하다. 대부분 아주 부정적인 기분에 사로잡혔을 때 이런 질문을 던지기 때문이다. 절망적인 상태에 빠지면 뇌는 정확한 답보다 가장 쉬운 답을 원한다. 그러면서 한 번 정한 판단을 되도록 바꾸지 않으려 한다. 근거도 논리도 없이 기분에 맞는 쪽으로 결론을 내려버린다. 책임을 누군가의 탓으로 돌리면 마음이 잠시 가벼워지는 것처럼 느껴지기 때문이다. 상황은 그대로인데 괴로움만 잠깐 유예되는 셈이다. 자기기만은 대개 이런 방식으로 작동한다.

정답에 도달할 수 없는 질문에 집착하는 것은 해답을 찾기 위함이 아니다. 그 질문 속에 계속 머무르기 위한 선택에 가깝다. 누구도 답할 수 없는 질문을 붙들고 있으면 현재의 불행한 현실에서 벗어나지 못하는 이유를 얼마든지 정당화할 수 있기 때문이다. 뭔가를 바꾸지 않아도 되고 아무런 행동을 하지 않아도 된다. 대신 동정과 위안은 얻을 수 있다. 그렇게 받는 관심이 실제로 자기 삶을 바꿔줄 수 있다고 믿게 된다.

힘든 일을 겪고 괴로운 처지에 놓였을 때 '왜 나는 불행하지?', '내 인생은 도대체 뭐지?'와 같은 질문은 언뜻 보기에 깊은 것 같아도 방향이 잘못되었다. 이런 질문에는 애초에 가볍게 답할 수 없고 구체적인 행동으로 이어질 수도 없다. 대신 이런 질문이 필요하다.

'어떻게 하면 조금이라도 더 나아질 수 있을까?'

'무엇을 할 때 나는 보람을 느끼는가?'

'지금 나에게 가능한 일은 무엇인가?'

이런 질문은 에너지를 흩뜨리지 않고 현실적인 행동으로 모아준다. 몸살이 났을 때 인생의 의미를 찾기 위해 높은 산에 오르거나 스카이다이빙을 하기보다 반신욕을 하고 어떤 죽을 먹을지 고민하는 편이 훨씬 현명한 선택인 것처럼 말이다.

불행에 집중하면 불행을 과장하고 그 이유를 끊임없이 찾아내게 된다. 그 과정에서 우연과 환경, 타인의 책임은 지워지고 모든 원인이 자기에게 있다고 믿게 되기도 한다. 하지만 불행의 이유가 나에게 있다고 말한다 해도 삶이 나아지는 일은 없다. 그런 믿음은 문제를 해결해주지 않을뿐더러 앞으로 움직일 힘마저 빼앗는다.

　　우리가 해야 할 일은 삶 전체에 대한 결론을 당장 내리는 것이 아니다. 그저 지금의 상태를 조금이라도 바꿀 수 있는 선택 하나를 찾는 것이다. 부정의 함정에서 걸어 나오자. 거창한 결심이나 인생을 바꾸는 통찰이 아니어도 된다. 당장 할 수 있는 것을 찾고 지금 바로 할 수 있는 것부터 하나씩 해보기로 하자. 삶은 그렇게 아주 작은 선택에서부터 다시 움직이기 시작한다.

마음 챙김의
탈을 쓴
자기 연민

'나는 위안과 위로가 필요해.'

속으로 이렇게 말하면서 P는 화장실에서 몰래 빵을 먹었다. 다른 손에 든 봉지 속에는 다른 종류의 빵들이 여러 개가 더 있었다. 다이어트는 연예인들의 숙명과도 같지만, 이미 충분히 날씬한 청소년이 식단을 극도로 제한하면서 하루 10시간씩 춤을 춘다는 것은 특수부대의 훈련처럼 힘든 강도의 과제다. 탄수화물 공급이 차단되면 뇌의 기능도 제약을 받는다. 다이어트는 강한 의지와 절제가 절대적으로 필요한데 탄수화물이 소화된 포도당이 뇌에 충분히 공급되지 않으면 결심과 의지가 제 기능을 하지 못하고 무너진다.

그렇게 P는 몇 날 며칠 계속해서 빵을 먹었다. 학교에 다니는 친구들 누구도 하지 않는 연습생 생활을 힘들게 하고 있는 자신의 처지를 동정하고 싶었다. 고생하는 자신에게 보상과 위로가 필요하다고 여기면서 몰래 빵을 먹었다. 그 결과 화면 속 아이돌다운 모습은 P에게서 찾아보기 어려웠다.

"자신이 자꾸 불쌍한가요?"

"네. 할 수 없는 게 너무 많아요. 먹고 싶은 것도 제대로 먹을 수 없고. 그게 제일 힘들어요."

"많이 힘들지요? P가 잘 아는 것처럼 세상에는 같이 가질 수 없는 것들이 있어요. 돈을 가지고 있지만 시간이 없다면 쓸 수 없는 것처럼요. 둘 중에 하나만 해야 해요."

"그건 저도 알고 있어요."

"본인의 처지가 정말 그렇게 힘들고 나쁘기만 할까요?"

"물론 더 힘든 사람들도 있겠죠."

"어려운 일을 해내야 할 때 '왜 내가 이런 일을 해내야 하지?'가 아니라 '이걸 해내면 앞으로 어떤 좋은 일들이 생길까'라고 생각해보면 어떨까요. 그게 힘이고 능력이에요. P는 전보다 살도 훨씬 많이 빠졌고 성공의 문턱에 거의 다 왔어요. 대단하다고 생각해요. 거의 다 이겨낸 자신에게 계속해서 '너 참 불쌍하다'라고 말하는 게 나을까요. 아니면 '이렇게 해냈으니 나머지도 해내겠는데'라고 하는 게 좋을까요."

"후자요."

"그렇죠. 우리는 이미 전투에 나섰어요. 그러니 지금은 자신을 더 다부지게 만드는 말을 해주기로 해요. 고생하고 있는 나에게 정말 좋은 말을 해주세요."

"그렇게 해볼게요."

흔히 배고플 때는 쇼핑을 하면 안 된다고 말한다. 먹어야 한다는 욕구가 식욕을 과장하고 판단을 왜곡하기 때문이다. 그 결과 필요하지 않은 것까지 카트에 담고 결국 포장도 뜯지 않은 채 유통기한을 넘길 물건들을 집으로 들여오게 된다.

동떨어진 이야기처럼 들리지만 자기 연민에 빠졌을 때도 마찬가지다. 그 상태에서는 자신에 대해 오래 생각하거나 중요한 결정을 내리면 안 된다. 불쌍하다는 감정은 자기의 비참함을 실제보다 크게 만들고 지금까지 살아온 삶 전체를 왜곡된 시야로 보게 한다. 하지 말아야 할 선택을 이제는 해도 되는 것처럼 여기게 만들고 비참함에서 벗어나는 데 아무런 도움이 되지 않는 일들에 에너지를 쏟게 한다. 도움이 되지 않는 시간 속에 머물며 마음의 짐만 더 늘려간다. 자신의 아픔과 슬픔, 힘듦, 외로움, 억울함 등을 확신하는 순간 그 상태에서 내려지는 판단은 대개 실제를 벗어난다.

자신을 불쌍하게 여기면서 아무렇지도 않을 사람은 세상에 없다. 아무리 태연한 척을 해도 부정적인 감정은 조용히 마음 안으로 스며든다.

물론 자기 연민 자체가 나쁜 것만은 아니다. 잠시 멈춰서 그간 겪은 나쁜 일들을 이해하고 그 경험과 자신을 분리하는 시간은 필요하다. 지치고 다친 나를 돌보는 일 역시 중요하다.

하지만 자기 위안은 약이다. 음식도 아니고 운동도 아니다. 늘 필요하거나 정기적으로 복용해야 하는 것이 아니다. 진통제처럼 정말 필요할 때만 써야 한다. 음식이나 운동도 과하면 몸에 부담이 되듯 자기 위안의 과용은 약물 오남용처럼 오히려 회복을 늦춘다.

자기 위안이라는 약이 매번 꼭 필요한 것도 아니다. 모기에 물렸거나 가벼운 찰과상처럼 저절로 나을 수 있는 상태라면 '곧 사라질 것이다'라는 인식만으로도 충분히 회복된다. 그런 상황에서 굳이 많은 약을 먹는다면 상처보다 약의 부작용을 더 오래 끌어안게 될 수도 있다.

　내가 나를 불쌍하게 여기지 않아도 나를 도울 수 있다. 학생들을 가르칠 때 그들을 불쌍하게 여겨서 가르치지 않듯이 나 자신을 더 잘 살게 하는 방법 역시 연민이 아닌 태도에서 나옴을 기억하자. 나를 이해하되 거기에만 머물지 않는 것. 위안 대신 배움과 선택으로 더 나은 기회를 주는 것. 그것 역시 나를 돌보는 하나의 방식이다.

정확한 말,
정확한 생각

생각이 정확하려면 사용하는 언어가 먼저 정확하고 정직해야 한다. 나는 수업할 때 늘 정확한 언어로 생각하는 능력을 기본적인 목표로 삼는다. 그렇다고 대단히 정밀한 표현을 요구하는 것은 아니다. 사실에 맞고 치우치지 않으며 조금 더 구체적으로 말하는 태도를 중시한다는 뜻이다.

생각의 왜곡은 언어를 부정확하게 사용하는 데서 가장 많이 발생한다. 정확하지 않은 말은 사실을 잘못 인식하고 기억하게 만드는 주범이다. 실제로 어떤 일이 일어났느냐보다 그 경험을 어떤 말로 해석하고 기억하느냐가 훨씬 더 큰 영향을 미친다.

'오늘 소풍 가는데 비가 내렸다'와 '오늘 내가 소풍을 가는데 그걸 망치려고 비가 내렸다'는 같은 상황을 전혀 다르게 표현한 문장이다. 비가 내리는 것은 자연현상일 뿐이다. 그럼에도 마치 어떤 의도에 의해 결정된 일이고 그 이유가 나에게 있는 것처럼 말하는 순간 인식은 왜곡된다. 자연현상이 나를 기준으로 움직인다는 착각은 생각보다 흔한 사고의 오류다.

다른 사람을 대할 때도 정확한 표현은 중요하다. 그래야 적절한 판단과 대응이 가능하다. 물론 더 중요한 것은 생각과 판단, 행동의 주체인 자기 자신에 대한 표현이다. 자기 자신에 대해 하는 말(Self-description)과 자기 자신에게 반복하는 말(Self-talk)은 세상을 경험하는 상태 자체를 좌우한다.

자기 인식이 왜곡되고 스스로에게 옳지 않은 말을 반복하는 사람은 타인을 제대로 볼 수 없고 세상과 미래 역시 공정하게 바라보기 어렵다.

"내 주제에 뭘 바라겠냐?"

"나 따위가 뭘 할 수 있겠냐?"

"내 인생은 내가 다 망쳐버린 것 같아요."

실제로 이런 표현은 심한 고통의 신호이다. 동시에 자기 상태를 더 악화시키는 말이기도 하다. 이미 깊은 상처를 입은 자신을 더 비참하게 만들 뿐 아무런 도움이 되지 않는다.

구체적인 예로 한 이민 여성의 가슴 아픈 사례를 들 수 있다. 하루는 그녀가 출근한 사이 집에 혼자 있던 아이가 옷장을 밟고 올라가다 옷장이 넘어지며 그 위에 놓인 텔레비전에 깔려 사망하는 사고가 있었다. 영어가 서툴렀던 그녀는 깊은 절망 속에서 '내가 죽였다'라는 말만 반복했다. 그 의미는 '내가 더 잘 돌봤다면 이런 일은 일어나지 않았을 것이다'라는 자책이었을 확률이 높다. 한국이었다면 이 말은 비극적인 자책으로 받아들여졌을 테지만 미국 경찰은 그 말을 문자 그대로 받아들였고, 그녀는 살인 혐의로 종신형을 선고받았다. 이후 재심 청구가 받아들여져 풀려났지만 아이를 잃은 상실감에 더해 살인자라는 낙인과 긴 수감 생활까지 겪은 그녀의 삶은 고통이 몇 배였을 것이다.

나쁜 일을 겪는 고통 외에도 자신을 비난하고 저주하는 말로 스스로를 더 괴롭히는 사람들이 적지 않다. 자기 비하의 언어는 자신을 이미 피해를 입은 사람으로 규정하게 만들 뿐 문제를 해결하거나 상태를 회복하는 데는 도움이 되지 않는다. 보통은 현재의 불행을 받아들이기 어려울수록 그 원인을 자기에게 돌리는 선택을 한다. '내 잘못이니 내가 벌을 받아 마땅하다'라는 식이다. 만약 그 불행이 사실상 내 잘못이 아니거나 누구의 잘못도 아닌 경우라면 어떻게 될까. 나를 탓하는 것도 혹은 누군가를 탓하는 것도 결국은 모두 현실을 왜곡하는 일이지 않을까.

자기 자신을 망한 사람, 형편없는 인간, 패배자, 낙오자로 규정하는 순간 문제는 더 이상 다뤄질 수 없게 된다. 그 말은 결국 '이 문제를 해결할 책임과 능력이 나에게는 없다'라고 선언하는 것과 다르지 않기 때문이다.

정확한 언어는 단순히 표현의 문제가 아니다. 그것은 책임을 회피하지 않으면서도 자신을 파괴하지 않는 방식으로 현실을 마주하려는 최소한의 조건이다. 자신을 비난하는 말 대신 사실에 가까운 말로 지금의 상황을 다시 설명할 수 있을 때 우리에게는 비로소 선택과 회복의 여지가 생긴다.

피해자
의식에
속지 말자

다른 연습생들과의 갈등도 아이돌 연습생의 주요 고민 중 하나다. 연습과 생활의 긴 시간을 함께 보내야 하고, 함께 하는 일도 많은 사람과의 갈등은 아주 힘들고 어렵다. 다른 곳에서라면 그냥 피하기라도 할 수 있지만 연습생들 세계에서는 그게 불가능하다. 특히 나이가 어리고 독립적이지 못한 연습생일수록 다른 불편한 존재에 대해 불만을 갖기 쉽고 탓도 많이 하며 자신이 피해를 입고 있다는 생각에 자주 빠지기 마련이다.

　갈등이 조금이라도 심해져 말다툼이라도 하게 되면 아주 큰 상처를 입었다고 상담 시간에 푸념하는 친구들이 있다. 그런 일이 매주, 여러 번에 걸쳐 일어난다.

　흔히 나쁜 일이 일어나면 우리는 그 일이 반드시 누군가의 잘못 때문에 생겼다고 생각하려는 경향이 있다. 내가 아프고, 실패하고 상실을 겪을 때 누군가가 계획적으로 그랬다고 믿으면 나는 그 일에 대한 책임을 지지 않아도 되는 피해자의 자리에 설 수 있다. 사실 그렇게 해도 달라지는 것은 없고 삶의 결과는 여전히 내가 감당해야 할 몫으로 남는데도 말이다.

　그럴 때일수록 상황을 정확히 인식하고 적합한 판단을 내릴 수 있도록 나의 이해를 좌우하는 언어를 바르게 써야 한다. 비슷한 말이라고 해서 아무렇게나 써도 되는 것은 아니다. 특히 부정적인 감정일수록 정확히 구분해야 한다. 예를 들어 걱정은 어떤 대상에 대한 반응이고 불안은 대상이 없어도 느껴지는 상태이다. 이 둘을 구분하지 못하면 막연한 불안이 걱정으로 둔갑하고 걱정은 다시 더 큰 불안을 불러온다. 나쁜 감정은 늘 다른 나쁜 감정을 초대하려 하기 때문이다.

　"부정적인 감정에 몰두할수록 우리의 관심은 그쪽으

로 고정되고 결국 그 상태에서 빠져나오지 못하게 된다.”

심리학의 선구자 윌리엄 제임스의 말이다.

특히 피해 의식과 피해자 의식도 언뜻 비슷해 보이지만 구분이 필요한 개념이다. 피해의식(Victim mentality)은 객관적 사실과는 별개로 내가 피해를 입었다고 느끼는 주관적인 감정 상태다. 반면 피해자 의식(Victim consciousness)은 자신을 피해자의 위치로 규정하고 그 입장에서 사고하고 행동하는 태도이다. 자기 정체성 자체가 세상으로부터 당한 사람이 되는 것이다. 실제로 큰 피해를 입었을 때라면 자연스럽고 정당한 반응일 수 있다. 하지만 사소한 불편이나 피해라고 보기 어려운 상황까지 피해자 의식으로 받아들이기 시작하면 그것은 책임 회피와 동정을 얻기 위한 수단으로 바뀌기 쉽다.

피해의식은 ‘왜 나만 이런 일을 당하지?’라는 감정에 머무르게 하고 피해자 의식은 ‘세상이 나를 괴롭힌다’라는 생각에 열중하게 만든다. 그 결과 사람은 점점 방어적이 되고 때로는 공격적으로 변한다.

두 경우 모두 공통점이 있다. 책임의 중심을 내가 아니라 누군가에게로 옮긴다는 점이다. 그러면서 누군가 나를 도와줘야 할 의무가 있는 것처럼 세상을 설정하려 든다.

　내가 입은 피해에만 매달리고 그 생각이 삶의 중심이 되면 인생은 손해 본 이야기로 가득 차기 시작한다. 관련 없는 일조차 피해자의 관점으로 해석하게 되고 피해의식은 어느새 피해자 의식으로 굳어질 수 있다.

　삶이 힘들고 자신이 아무 영향력도 없다고 느끼는 사람들 중에는 자유와 책임, 결단과 실천 대신 의무 면제와 보호, 동정을 선택하는 경우도 있다. 자기 삶을 직접 감당하는 것보다 동정의 대상이 되는 편이 덜 고통스럽다고 믿기 때문이다. 하지만 역사를 돌아보면 분명하다. 노예제도, 차별, 학대, 부조리 같은 악습들이 사라지고 개선될 수 있었던 것은 사람들이 피해의식이나 피해자 의식에 머무르지 않고 현실과 맞서기로 선택했기 때문이다.

　물론 너무 아플 때는 상처에 매달릴 수밖에 없다. 인간으로서 자연스러운 반응이다. 그럼에도 아픔이 삶의 전부가 되어서는 안 된다. 내 안에는 고통을 견뎌내고 다시 채워갈 수 있는 힘이 있다. 그 힘을 믿고 삶을 다시 붙드는 사람을 우리는 자기 삶의 주인이라고 부른다. 내 감정의 주인도, 내 행동의 주인도 결국은 나임을 잊지 말자.

다른 사람의
반응에
반응하는 법

강의를 할 때 강사는 수강생들을 두루 살펴보지만 수강생들은 자연스럽게 강사에게 시선을 둔다. 강의 자료와 강사가 전면에 있으니 앞을 보면 그의 얼굴이 보이기 마련이다. 강의실 앞쪽에서 집중해 듣던 사람과 눈이 마주치면 나는 보통 미소로 반응한다. 청중을 대상으로 하는 일에서 흔히 선택하는 다소 형식적인 대응이다.

그러던 어느 날의 일이다. 평소처럼 강의를 하고 눈을 마주친 수강생에게 미소를 보였는데 갑자기 그가 얼굴을 굳

히더니 가방을 챙겨 강의실을 나가버렸다. 강의는 거의 끝나가고 있었고 1분만 지나면 모두 나갈 상황이었다. 아마 다음 일정이 촉박했고 내 말이 길어질 것 같다는 생각에 초조해졌을 것이다. 실제로 그 사람의 얼굴에는 긴장과 조급함이 엿보였다. 그것을 알고 나는 미소로 대응했을 뿐이었다.

하지만 그는 그 미소를 전혀 다른 의미로 받아들인 듯했다. 표정은 순식간에 화로 바뀌었고 주변 수강생들조차 '갑자기 왜 저러지?' 하는 표정으로 그를 바라봤다. 이유가 무엇이든 그 사람에게는 미안한 마음이 남았다. 앞자리에서 성실하게 강의를 듣던 사람이었고 그 자체가 이미 강의에 대한 높은 관심의 표현이었기 때문이다. 그런 수강생이 내 강의를 불편한 기억으로 남겼을지도 모른다는 생각은 마음에 오래 남았다.

나는 심리학을 가르치는 사람이고 강의를 업으로 삼는 사람이다. 아는 사람처럼 보이기 위해 때로는 잘난 척을 해야 하고 사람들의 말을 바로잡고 싶은 충동도 자주 올라온다. 하지만 코칭과 상담을 하면서 깨달았다. 말을 많이 한다고 소통이 잘되는 것은 아님을. 오히려 상대가 더 많이 말할 때 마음은 더 잘 열린다. 물론 상대의 반응까지 내가 통제할 수는 없다. 사람은 자신이 한 행동 그 자체를 경험하는 것이 아니라 자기 삶과 경험의 연장선 위에서 타인을 해석할 뿐이다. 그 때문에 같은 행동도 누군가에게는 친절이 되고 누군가에게는 무례가 된다.

아무리 선한 의도를 가졌다 해도 때로는 다르게 전달되기도 한다. 내 미소가 내 의도대로만 전달되지 않았듯 말이다. 내가 미소를 보내면 누군가는 그것을 보고 함께 웃지만 누군가는 비웃음으로 받아들일 수 있다. 굳이 싸울 생각이 아니라면 남의 면전에서 비웃지 않으려고 조심하는 이유다. 동시에 다른 사람의 웃음을 곧장 비웃음으로 확신하는 것 역시 오류일 수 있다. 그것은 상대의 행동이 나를 향했다고 믿는 착각, 세상의 중심에 항상 내가 있다고 여기는 오해에서 비롯된다. 다른 사람이 나를 보고 웃었다고 해서 그 사람이 나를 평가하고 있다고 단정할 이유는 없다.

대부분의 사람들은 타인을 관찰하기보다 자기 인생을 사느라 바쁘다. 내가 곤란한 처지에 놓였을 때 그것을 기다렸다가 비웃을 사람은 생각보다 훨씬 적다. 대부분은 알지도 못하고 알더라도 금세 잊는다. 정말 훌륭한 사람이라면 다른 사람을 함부로 비웃지도 않을 것이다. 비웃음은 자기 불안과 비교하는 마음을 감추기 위한 조악한 포장에 가깝다.

만약 다른 사람의 웃음이 자꾸 비웃음으로 느껴지고 선물이나 칭찬마저 의심스럽게 다가온다면 문제는 그들이 아니라 그것을 바라보는 내 마음에 있을 가능성이 높다. 지치고, 외롭고, 두렵고, 슬퍼서 스스로를 방어하는 신호일 수 있다.

세상이 유난히 못마땅하게 느껴질 때야말로 나를 점검해야 한다. 자신에게 위안과 격려가 필요하다. 다만 그 위안이 약한 감정만 토닥이는 데서 멈춘다면 같은 상황은 반복된다. 대신 그럴 때 이렇게 생각해보면 어떨까.

'그럴 수도 있지.'

'그러든 말든.'

'정말 그런 걸까?'

'무슨 일이 있나 보다.'

이 정도의 심리적 거리 두기만 되어도 불필요한 상처는 크게 줄어든다. 받아도 곧 아물 상처를 굳이 오래 붙잡고 있을 필요는 없다. 아울러 타인의 반응에 반응하느라 내 마음을 소진하지 않아도 될 것이다.

3부

과한 자기 연민 덜어내기

왜곡된
자동 사고

"이번에 이거 잘 안 되면 전 끝장이에요. 꼭 해결되어야만 해요. 그리고 G 때문에 미치겠어요. 왜 걔는 내 말을 그렇게 안 듣는데요? 왜들 그렇게 비협조적인 거야."

초조함이 묻어나오는 B의 짜증에 주변 사람들도 익숙해지기 시작했다. 그래서일까. B의 그런 표현 탓 때문인지 부정적인 생각들이 꼬리에 꼬리를 물고 따라왔다. 다들 B와 만나는 시간을 불편해하고 꺼리게 되었다. 그러자 그의 걱정은 더 많아지고 사람들한테 더 섭섭하고 못마땅한 기분이 들었으며 세상이 자신에게 너무나 불리하고 불공평한 것처럼 느껴졌다.

"선생님, 저도 다 알아요. 하지만 어쩔 수가 없어요."

"그 말을 제가 설명했던 것처럼 다시 말해볼까요?"

"제가 이렇게 할수록 기분이 더 나빠지고 나쁜 기분 때문에 나쁜 생각들이 더 많이 몰려들어서 더 상황을 나쁘게 말하게 돼요."

"그러면 어떻게 해야 할까요?"

"선생님께서 좀 알려주세요."

"지금이 제일 중요해요. 지금 기분이 좋으면 좋은 생각들이 떠오르고 좋은 생각들이 좋은 기분과 행동들을 유발하겠지요. 그래서 다시 기분이 좋아지고. 나쁜 기분도 마찬가지예요. 나쁜 것들은 나쁜 것들을 몰고 다녀요. 그러니 나쁜 기분, 생각이 들면 일단 바로 멈추세요. 머릿속으로 '그만!'이라고 소리치세요. 나쁜 기분, 생각 대신 다른 것을 생각해서 당장의 기분을 바꾸는 게 효과적이에요."

"지금의 기분을 좋게 만드는 것이 중요하다는 거군요. 알겠어요. 나쁜 생각이 꼬리를 물기 전에 차단해야겠어요."

우리는 이런 장면을 자주 본다. 더 솔직하게 이야기하

면 누구나 살면서 한번쯤은 이런 모습에 가까워질 때가 있다. 문제는 이런 반응이 가끔이 아니라 습관처럼 반복될 때이다. 늘 심기가 불편한 사람, 사소한 일에도 쉽게 격노하는 사람, 자기 기준과 기호를 세상의 기준처럼 내세우며 유난을 떠는 사람들. 이들과 가까이 지내는 일은 조심스러워야 한다. 그들의 말과 행동 뒤에는 왜곡된 생각과 누적된 부정적 감정이 깔려 있기 때문이다.

'우울, 불안, 걱정, 무력감, 고립감, 공황, 피해의식.'

이 모든 것은 어느 날 갑자기 생겨나지 않는다. 자신에 대한 부정적인 생각, 세상과 타인에 대한 불신, 미래에 대한 비관이 서로를 자극하며 악순환을 만든다. 세상사를 부정적으로 해석하면서 행복하게 살기란 불가능하다. 부정적인 생각은 부정적인 감정을 낳고 부정적인 행동을 부추긴다.

마음이 불편한 사람은 타인을 배려할 여유가 없다. 방어적이거나 공격적으로 굴게 되고 그 행동은 다시 자기 생각이 옳았다는 증거처럼 느껴진다. 이렇게 생각-감정-행동은 서로를 강화하며 빠져나오기 힘든 고리를 만든다.

세상에 기분 나빠질 일이 없는 사람이 어디 있겠는가. 하지만 심기를 건드렸다는 표현을 즐겨 쓰는 사람들은 자기 기분을 세상의 기준처럼 취급한다. '내가 불쾌했으니 네가 잘 못했다'라는 논리이다. 이런 태도는 대개 힘, 지위, 권력과 결합한다. 심기를 이유로 횡포를 부릴 수 있는 위치에 있을수록 이 패턴은 더 강화된다. 쉽게, 자주, 아무에게나 격노하는 사람은 자기보다 약한 사람을 향해 분노를 푼다. 성격이 강해서가 아니라 자제력이 부족한 심리적 무능이다. 다만 그 무능이 지위나 권력으로 가려져 있을 뿐이다.

유난도 마찬가지다. 다른 사람들도 다 하는 일을 마치 자기만 특별한 것처럼 만들거나 남들은 굳이 하지 않는 일을 자기는 반드시 해야 한다고 주장한다. 자기들만 더 사랑하고 더 섬세하며 도덕적이고 특별하다는 믿음으로 말이다.

"우리 애는 특별해서요."

"이 차는 워낙 예민해서요."

"이 정도 소음도 못 참는 것은 말이 안 되잖아요."

기대가 깨지는 순간 심기는 불편해지고 불편함은 곧 분노로 바뀐다. 단순히 성향의 문제가 아니다. 이미 심리적 피로와 왜곡이 상당히 누적된 상태다. 이 모든 행동의 바닥에는 자동 사고(Automatic Thoughts)라 불리는 왜곡된 인지 패턴이 깔려 있다. 자동 사고는 의식적으로 생각하기도 전에 반사적으로 튀어나오는 생각을 말한다.

'저 사람은 분명 나를 무시했어.' (마인드 리딩)

'또 이런 일이야, 항상 이래.' (과도한 일반화)

'이건 절대 있어서는 안 되는 일이야.' (당위적 사고)

'안 좋은 느낌이 들어. 분명 나쁜 일이야.' (감정적 추론)

'최악으로 끝날 거야.' (재앙화)

'이 정도면 완전히 실패야.' (양극적 사고[1])

이런 생각들은 불안과 우울, 분노와 좌절을 순식간에 증폭시킨다. 격노하는 사람들은 특히 재앙화, 양극적 사고, 감정적 추론에 쉽게 빠진다. 심기가 불편한 사람들은 자기 기분을 사실의 증거로 사용한다. '기분이 나쁘니까 분명 누군가 잘못한 거야'라고 말이다.

유난스럽게 자기 기준을 내세우는 순간 타인의 기준과는 충돌할 수밖에 없다. 카페가 춥다고 느껴질 때, 내가 편한 온도만이 아니라 다른 사람들은 어떤지, 내가 입은 옷은 어떤지도 함께 살펴야 한다. 덜 유난스럽게 사는 것은 포기나

---

1 왜곡된 자동 사고에는 여러 가지가 있으며, 여기에서는 조너선 하이트와 그레그 루기아노프가 쓴 《나쁜 교육》(프시케의숲), p.462-465에 나온 예를 사용하였다.

체념이 아니라 현실 감각이다. 옳고 그름의 문제와 기호의 문제는 구분할 필요가 있다.

나만 옳다는 확신은 대개 근거가 부족하고 합당할 확률도 낮다. 작은 불편이 생길 때마다 이런 태도가 나온다면 그것은 자기가 정말 누구인지 잘 모르고 있다는 신호일 수 있다. 자기가 겪는 고통이 깊어질수록 그 고통이 오직 자기만의 것처럼 느껴진다.

베드로시안의 말처럼 "아무도 걸어본 적이 없는 그런 길은 없다." 누구도 겪어본 적이 없는 일은 없으며, 누구도 겪어보지 않은 고통도 없다. 심기가 자주 불편하고 격노가 잦아지며 유난스러운 요구가 늘어난다면 세상이 나를 괴롭히는 것이 아니라 내가 부정적인 생각 속에서 허우적대고 있다는 신호로 받아들여야 한다.

만약 다른 누군가가 그렇다면 그 사람 역시 자기가 불행에 짓눌려 있다는 사실을 아직 알아차리지 못한 상태일 뿐이다.

과도한 이상주의에서 벗어나기

'1등을 찍었다'는 것은 어느 업계에서든 확실히 특별한 의미가 있었다. 음악 방송이든, 음원이든 1등을 해보면 자긍심의 수준이 확실히 높아진다. L도 그랬다. 뛰어난 가창력, 탁월한 감성으로 오랫동안 실력파로 인정받아 온 사실이 주는 명예와는 완전히 달랐다. 그동안 노력하고 고생했던 것이 드디어 보상을 받았다고 생각했다. 여기저기서 불러주는 데가 많아졌고 금전적 보상도 아주 높아졌다. 한동안은 그랬다.

업계 특성상 1등은 계속 나오게 마련이라서 시간이 좀

흐르자 인기라는 좁은 무대에서 L도 점점 밀려났다. 결정적인 한 방이 필요했다. 팬들과 자신의 더 높아진 기대 수준을 맞추기 위해 특히나 자신을 지원해줘야 하는 사람들에 대한 요구가 많아졌다. 웬만한 것들은 마음에 차지 않았다. 자기가 한 것이든, 다른 사람들이 한 것이든 모두 충분해 보이지 않았다. 다시 1등을 하려면 정말 확실하게 좋은 것, 좋은 것보다 더 좋은 것이 있어야 했다. 자신이 이다음에 할 수 있는 등수는 오직 1등밖에 없다고 믿었다.

"이래서 다시 1등 할 수 있겠어?"

이런 말을 속으로 수십 번 참고 참다가 내뱉었다. 그렇게 해도 주변 사람들은 하루에 수십 번씩 그 말을 들었다. 나중에는 주변 사람들도 힘들어 하고 본인도 불안을 벗어날 수 없으니 상담을 받게 되었다.

첫 번째 상담은 비교적 순조롭게 진행되었다. 마음속의 문제들을 이야기하면서 응어리진 감정들을 표현할 기회가 생겼다. 특히 자기가 겪고 있는 감정의 이유와 뿌리에 대해서 좀 더 이해할 수 있었다. 만족스러웠다고 했고 상담 이후에 기분이 한결 좋아졌다고 했다. 두 번째 상담도 잘 진행되었다. 문제는 세 번째 상담이었다. 세 번째 상담부터 일정이 계속 미뤄졌다. 당일 취소가 반복됐고 나중에 알고 보니 감정 기복이 심해져 약물 치료를 시작했다는 이야기를 들었다. 상담에서 말하지 않았던 큰 사건들이 겹치며 상태가 악화된 듯했다. 마음을 들여다볼 기회를 더 갖지 못한 채 아쉽게도 상담은 중단되었다.

만약 평소에는 괜찮던 일이 어느 순간 불편하게 느껴진다면 단순한 사고 체계에서 벗어나 있다는 뜻일 수도 있다. 예전에는 당연하게 받아들이던 일들, 옳고 그름을 따질 여유조차 없어 주어지는 대로 받아들이던 일이 이제는 쉽게 넘어가지지 않는 것이다.

그렇다고 불편함이 반드시 누군가의 잘못이 있을 때만 생기는 것은 아니다. 오히려 내가 잘못된 기준을 고집할 때 불편함은 더 커지기 마련이다. 공공의 질서와 규칙도 마찬가지다. 더 많은 사람이 편해지기 위해 만들어진 규칙은 누군가에게 불편할 수 있다. 아침에 일찍 일어나는 것이 대부분의 사람에게 불편하지만 그래도 다들 일어난다. 그 불편함은 누구의 잘못도 아니다. 해야 할 일을 하기 싫어하는 마음이 그저 불편함으로 느껴질 뿐이다.

편하거나 불편하게 느끼는 기준은 보편적 도덕이 아

니라 나의 욕구와 기분이다. 그래서일까. 인간의 불편함은 본질적으로 변덕스럽다.

"당신이 불편하게 느낀다고 해서 당신이 옳다는 뜻은 아니다."

영화배우 리키 저베이스의 말이다. 우리는 정당하지 않은 이유로도 얼마든지 불편함을 느낀다. 이때 자신의 감정적 불편을 도덕적 판단으로 착각하는 순간 사람들은 타인을 쉽게 심판하게 된다. 그 결과 표현의 자유는 위축되고 관용은 숨 쉴 틈을 잃는다.

표현과 사상의 자유란 내가 좋아하는 말이나 내가 동의하는 생각만 보호하라는 뜻이 아니다. 오히려 내 생각과 다른 말, 감정에 거슬리는 표현까지 포함해서 지켜야 할 가치로 인정하는 것이다. 만약 내가 불편하다는 이유로 타인의 표현을 금지하기 시작하면 언젠가는 내 말도 누군가의 불편함을 이유로 금지될 수밖에 없다. 불편함은 고정된 감정이 아니라 사람의 상태에 따라 늘어났다 줄어드는 고무줄 같은 것이기 때문이다. 같은 음식도 얼마나 배가 고픈지에 따라 전혀 다르게 느껴지듯 말과 행동도 마찬가지다. 컨디션에 따라 전혀 다르게 받아들여진다. 어떤 날은 아무렇지 않던 일이 다른 날에는 거슬리고 또 다른 날에는 참기 힘들어지기도 한다. 더구나 사람은 공정하지 않다. 누가 하느냐에 따라 같은 행동도 다르게 평가한다. 누군가는 실수를 해도 매력으로 소비되고 누군가는 작은 실수조차 용서받지 못한다.

물론 타인에게 명백한 피해를 주는 행동이나 폭력과 학대, 착취와 범죄는 분명히 규제되어야 한다. 그 점에 이견은 없다. 하지만 다들 괜찮은데 나만 불편하다면, 어떤 말이 나를 겨냥한 것이 아닌데도 기분이 상했다면 문제는 상대가 아니라 내 상태에 있을 수도 있다.

여기 비슷하지만 한 가지 다른 사례도 있다.

오랫동안 회사에 있었고 제일 먼저 선발된 멤버였으며 가장 실력이 뛰어났기에 M은 자신이 팀의 중심이어야 한다고 굳게 믿었다. 회사에 들어온 지 1년이 막 지난 신참에게 사람들의 관심이 몰리고 계약 문의가 집중되는 것이 그는 너무나 못마땅하고 불안했다. 누가 되더라도 수익을 똑같이 나누지만 팀이 더 많은 계약을 하는 것보다 자기가 중심이 되는 계약을 따는 것이 더 중요하다고 느꼈다.

"아, 진짜. 조금만 더 밀어주면 될 것 같은데. 왜 그 애만 밀어주고 저한테는 기회를 안 주시는 거예요."

"무슨 소리야. 너 먼저 오디션 보게 해줬잖아. 저번 건 은 너만 오디션 보게 해주고."

"근데 왜 걔는 되고 저는 안 된 거예요."

"알면서 또 그러네. N을 원한 것은 그쪽 회사고. 우리 도 너로 계약하자고 여러 번 얘기했는데 그 회사가 N으로 선택한 거잖아."

그는 숙소에서 사무실로 계속 찾아와 자신을 선발하고 가르치며 친하게 지내온 직원들을 상대로 보채고 투정하며 따지기에 이르렀다. 그렇게 한바탕하고 가면 아무 일도 없는 것처럼 팀 활동을 했지만, 다른 멤버들에게도 M이 그런다는 이야기가 흘러 들어가고 있었다. 회사 입장에서는 다른 멤버들도 다 똑같이 대해줘야 하는 소중한 대상이었다. 친한 직원들도 이제는 M이 현실을 받아들였으면 좋겠다고 생각했다. M의 요구가 이미 충분히 불편해진 것이다.

이처럼 모든 불편함이 정당한 문제의식은 아니다. 자주 불편함을 느낀다고 해서 그 사람이 더 깨어 있거나 도덕적으로 우월한 것도 아니다. 오히려 까다롭고 자기중심적이며 피해의식에 익숙하고 과도하게 방어적인 사람일 가능성이 크다. 늘 주변이 불편하다고 말하는 사람은 정작 주변 사람들에게 불편한 존재일 때가 많다.

　사람은 아프고 지치고 외로울수록 세상과 타인을 더 날카롭게 바라본다. 만약 주변이 자꾸 못마땅하고 사람들의 말과 행동이 견디기 어려워진다면 그것은 세상이 나빠졌다는 증거가 아니라 내 마음의 여분이 사라졌다는 신호일 수 있다.

　그럴 때 필요한 것은 타인을 비난하는 논리가 아니라 자신을 회복시키는 일이다. 불편함을 없애겠다고 세상을 바꾸려 들기보다 그럴 필요가 없을 만큼 마음을 다시 돌보는 것. 그것이야말로 과도한 이상주의에서 벗어나 진짜 자유로워지는 길이다.

불편함을
너무 자주
초대하지는 말자

세상에는 흔히 하지 않는 편이 낫다고 여겨지는 일들이 분명히 존재한다.

'남의 결혼식에 흰 옷을 입는 일.'

'다른 사람의 외모나 옷차림을 지적하는 일.'

'실직한 사람에게 이유를 캐묻는 일.'

'정성껏 대접받은 음식을 남기는 일.'

'명절에 만난 친척에게 취업, 결혼, 출산 계획을 묻는 일.'

누군가에게는 이런 일들이 충분히 불편할 수 있다. 그

래서 하지 않는 게 맞다고 판단할 수도 있다. 하지만 감정을 기준으로 삼는 순간 그 기준은 감정의 변덕만큼이나 쉽게 흔들린다. 그 결과 세상은 점점 더 많은 금지 목록으로 채워지고 불편함을 견디지 않는 사회로 변해간다.

'어린 아기를 데리고 장거리 비행을 하는 일.'

'출근 시간대 엘리베이터에 자전거를 들고 타는 일.'

'아이들이 뛰어다니는 집.'

'공공장소에서의 애정 표현.'

'카페에서 공부하는 사람들 사이의 대화.'

'대화하는 사람들 사이에서의 공부.'

이 모든 것도 누군가에게는 충분히 불편할 수 있다. 하지만 우리는 모두 어린 시절을 지나왔고, 택배가 빨리 오기를 바라던 사람이었고, 어쩔 수 없는 사정으로 그 자리에 있어야 했던 사람이다. 불편함의 이면에는 미처 다 알지 못하는 맥락과 사정이 있다. 그렇기에 감정적인 불편도 어느 정도는 참을 줄 알아야 한다. 그렇지 않으면 함께 사는 법을 잃어버리고, 끝내 함께 사는 사람들을 미워하게 된다.

불편할 권리는 나에게만 있는 것이 아니다. 누군가로 인해 내가 불편하듯 그 역시 나 때문에 불편할 수 있다. 내가 상대를 잘 알지도 못한 채 미워했듯이 누군가도 나를 그렇게 미워할 수 있다. 다른 사람들을 모두 불편하게 느낀다면 그것은 내가 그들을 불편하게 만들고 있다는 신호일 수도 있다. 자기만 불편할 권리가 있다고 믿는 사람은 공통적으로 자기가 만드는 불편에는 둔감하다.

그렇다고 모든 불편을 참아야 한다는 뜻은 아니다. 참지 말아야 할 불편도 분명히 존재한다. 그것은 잘못과 부조리에 대한 불편이다. 감정적 불편은 인내로 다스릴 수 있지만 도덕적 불편은 행동으로 해결해야 한다.

세상의 모든 불편을 다 키우고 초대하면 결국은 나만 손해이다. 우리가 살아가며 느끼는 대부분의 불편은 정의나 부조리에 맞서 싸워야 할 문제가 아니라 기대가 어긋났을 때 생기는 감정적 마찰에 가깝다. 말투가 마음에 들지 않아서, 표정이 차갑게 느껴져서, 내 기준과 다르다는 이유로 하루에도 몇 번씩 불편을 불러들이는 순간 삶은 불필요하게 거칠어진다. 그러니 모든 불편에 의미를 부여할 필요도, 반응할 의무도 없는 것이다.

불편함을 느끼지 않는 사람이 성숙한 것이 아니다. 불편함이 찾아왔을 때 그 불편을 키울지, 흘려보낼지를 선택할 수 있는 사람이 성숙한 사람이다. 이 불편이 내 삶을 지켜야 할 신호인지 아니면 내가 지쳐 있어서 예민해진 결과인지 묻는 여유가 지금 우리에게는 어느 때보다 필요하다.

수 있는 사람이 성숙한 사람이다. 이 불편이 내 삶을 지켜야 할 신호인지 아니면 내가 지쳐 있어서 예민해진 결과인지 묻는 여유가 지금 우리에게는 어느 때보다 필요하다.

불필요한
상처
지우기

"내가 뭐라고 했어?"

"내가 하라는 대로 해야지."

"내 말 안 들어?"

연습생들을 코칭하다 보면 현장에서 자주 듣게 되는 말이다. 이 말들의 공통점은 하나이다. 다른 사람은 나와 다를 수 있다는 사실을 머리로는 알지만 마음으로는 받아들이지 못한다는 것이다. 연습생과 아이돌을 지켜보면 상처의 상당수는 실력 부족이나 실패에서 오지 않는다. 타인의 반응이 내 기대와 다를 때 그 차이를 견디지 못하면서 생긴다.

사람들은 각자 다른 기준, 경험, 욕구를 가지고 있다. 그 사실을 모르는 사람은 없다. 그럼에도 우리는 이렇게 믿는다.

'그래도 내가 이 정도 했으니 이만큼은 알아줘야 하지 않나?'

이 기대가 바로 상처의 출발점이다. 기대는 통제 욕구로도 변하기 쉬운데 이 세계에서는 특히 그렇다. 회사, 팬, 대중, 미디어 그 누구도 내 마음대로 움직이지 않지만 대부분 무의식적으로 상대의 반응까지 관리하려 든다.

'왜 저렇게 말하지?'

'왜 나를 저렇게 대하지?'

기대는 점점 요구가 되고 요구는 어느새 통제 욕구로 바뀐다. 통제할 수 없는 것을 통제하려는 순간 사람은 반드시 상처받게 되어 있다. 타인의 반응 역시 내 실력의 증명이 될 수 없다. 선택받지 못했다고 해서 실력이 사라지는 것은 아니다. 열심히 준비한 일에 반응이 미적지근하다고 해서 가치가 없는 것도 아니다.

아이돌의 커리어는 언제나 능력과 타이밍, 구조의 결과로 볼 수 있다. 그중 내가 온전히 책임질 수 있는 것은 오직 하나, 준비뿐이다. 이때 타인의 반응을 내 존재에 대한 평가로 받아들이면 상처는 걷잡을 수 없이 커지고 만다. 여기서 말하는 상처란 실제 상처가 아님에도 상처로 해석한 결과를 말한다.

말은 교환이지 강요가 아니다. 내 말을 이해하지 못한다고 해서 그것이 틀린 것도 아니고 존재가 무가치해지는 것도 아니다. 사람의 마음은 결코 설득으로 움직이거나 강요로 바뀌지 않는다. 그럴 때 가장 중요한 태도는 이것이다.

"나는 내 방식대로 최선을 다할 뿐 반응은 각자의 몫으로 남겨둔다."

이런 태도를 지닐 때 상처는 줄어들고 눈앞의 문제에 대한 집중력은 살아난다. 세상에 상처를 받지 않는 사람은 없다. 무대에 서는 사람이라면 더더욱 민감한 문제이다.

'상처를 없애기보다는 불필요한 상처를 줄이는 것.'

'통제할 수 없는 것에 매달리지 않는 것.'

'타인의 반응을 내 가치와 분리하며 생각할 것.'

이 세 가지만 지켜도 감정 소모는 크게 줄어든다. 우리에게 필요한 멘탈은 무쇠처럼 모든 것을 견디는 무감함이 아니다. 상처가 되지 않아도 될 것을 상처로 만들지 않는 능력,

그게 진짜 멘탈 관리이다. 세상은 언제나 내 뜻대로 반응하지 않는다. 그러니 최소한 내 마음만큼은 내가 지켜야 한다.

하고 싶은 일과
잘하는 일
중에서

"저는 팝핀을 하고 싶어요. 제가 잘하고 싶은 것은 그런 춤이라고요."

"팝핀을 좋아하는군요."

"그런데 회사에서는 자꾸 단체 안무만 하라고 해요. 아시잖아요. 저는 원래 댄서였다고요."

"그렇군요."

"차라리 비보잉을 계속하는 게 나을 것 같아요. 신인 개발팀 분들하고는 말이 안 통해요."

"되고 싶은 건 가수 아닌가요?"

"……네. 가수 데뷔가 목표죠."

"그리고 이 회사는 아이돌을 키우는 곳이 아닌가요?"

잠시 침묵이 흘렀다.

"팝핀 연습은 계속 열심히 하세요. 나중에 분명 큰 무기가 됩니다. 잘하는 것이 많을수록 기회는 늘어나니까요. 다만 회사라는 곳은 우리의 꿈을 실현해주기 위해 존재하는 곳은 아니에요. 돈을 벌기 위해 만들어진 조직입니다. 물론 회사에서 꿈이 실현되면 참 좋겠죠. 하지만 회사의 목표는 그게 아니에요. 대신 회사가 요구하는 바를 아주 잘 해내면 원하는 것을 할 수 있는 기회는 훨씬 많아집니다. 선배들을 보세요. 데뷔하고 잘되니까 음악도, 예능도, 개인 무대도 하고 싶은 걸 다 하잖아요. 직업은 하고 싶은 것을 해서 돈을 버는 게 아니라 사람들이 필요로 하는 일을 아주 잘해서 그 대가로 자유를 얻는 구조예요. 우리가 하고 싶은 걸 하는데 왜 다른 사람들이 돈을 줘야 할까요? 그 질문을 한번은 꼭 해봐야 해요."

이 대화는 실제 연습생들과 진행했던 교육 상담의 일부 내용이다. 상담은 주로 경청과 공감을 중심으로 이뤄지지만 고된 과정을 겪으면서 연습생을 포기하려고 하는 경우에는 사실을 받아들이게 하는 직면도 필요하다.

연습생들은 대부분 십 대 학생들이지만 자기 진로에 대해 누구보다 빨리 결정을 내린 책임감을 지녔다. 엄연히 직업에 관한 계약을 한 사람들이다. 같은 또래들보다 더 성숙하고 치열하게 산다. 그들이 얼마나 우울하고 힘든지를 공감해주는 것은 다른 사람도 할 수 있기에 나의 역할은 거기서 더 나아간다. 현실이 덜 괴롭고 우울하도록 관점을 확장시켜주는 것이 내 일이다.

훗날 이 연습생은 데뷔에 성공했고 음악 방송 프로그램에서 1위도 여러 번 했다. 예능에도 출연하며 이제는 가족을 책임지는 어엿한 가장이 되었다.

연습생들을 상담하다 보면 '하고 싶은 것을 포기해야 하나요?'라는 질문을 자주 듣는데 실제로는 그렇지 않다. 다만 포기하는 게 아니라 순서를 조정할 뿐이다. 당장 하고 싶은 것과 지금 반드시 잘해야 하는 것은 다를 수 있다. 아이돌이라는 직업은 특히 더 그렇다. 먼저 팀 안에서 기능해야 하고 대중이 이해할 수 있는 형태로 먼저 증명되어야 한다. 그래야 선택권이 생긴다. 잘하는 일이 자유를 만드는 것이다.

자기가 잘하는 일과 하고 싶은 일은 대부분 겹치기 마

련이다. 좋아하니까 오래 하고 오래 하니까 실력이 쌓인다. 좋아하는 일을 직업으로 삼는 사람이 성공할 확률이 높은 이유이다. 이때도 중요한 전제는 있다. 그 일이 사회적으로 선택받을 수 있어야 한다는 것이다. 아무리 내가 좋아해도, 정성을 쏟아도 사람들이 원하지 않는다면 그것은 취미에 가깝다.

직업은 내가 좋아하는 것이 아니라 남에게 도움이 될 때 성립하는 가치다. 이 지점에서 많은 연습생들이 흔들린다.

"나는 진짜 하고 싶은 것을 못 하고 있어."

"나만 희생하는 것 같아."

"내 재능을 아무도 이해 못 해주는 것 같아."

자기 연민이 가장 위험한 순간이다. 이 감정이 깊어질수록 자기 연민이 생기고 현실 판단이 흐려진다. 하고 싶은 것을 못 하고 있는 게 아니라 지금은 해야 할 일을 하고 있는 중일 수도 있는데 말이다.

국내 최고의 아티스트이자 프로듀서가 된 제자가 이런 말을 한 적이 있다.

"자기가 하고 싶은 것을 하는 게 아니라 사람들이 좋아하는 것을 해야 해요. 하고 싶은 말은 일기장에 쓰면 되잖아요."

냉정하지만 정확한 말이다. 먼저 선택받아야 말할 수 있고 증명해내야 비로소 자유가 생긴다.

록 음악을 사랑하던 한 아이돌 멤버는 데뷔 후 콘서트에서 자기만의 록 무대를 만들었다. 팬들은 아이돌 음악이 아닌 그의 록에도 열광했다. 그런 장면을 볼 때마다 나는 확신한다. 진짜 하고 싶은 것은 사라지지 않는다. 다만 준비가 필요할 뿐이다.

그러니 지금 당신이 해야 할 질문은 이것이다.

'내가 정말 원하는 것을 하기 위해 지금은 무엇을 잘해야 하는가?'

하고 싶은 것을 버리지 말자. 대신 지금 해야 할 것을 제대로 하자. 그게 자기 연민을 덜어내고 자유에 가까워지는 가장 현실적인 방법이다.

공감과 위안은
기본이지
전부가 아니다

상담은 공감과 위안을 기본으로 한다. 사람의 마음은 늘 사실이나 교훈, 객관적인 증거나 통계로만 열리지 않기 때문이다.

"나는 네 편이다."

"그만큼 힘들었겠다."

마음은 이런 말 앞에서 비로소 열린다. 마음이 열려야 어떤 말도 와닿는다. 이것을 모르고 상담을 하기란 불가능하다. 하지만 공감과 위안은 출발점이지 도착점은 아니다. 라포가 형성되고 신뢰가 쌓이면 그다음에는 당면한 문제를 견뎌낼 수 있는 힘을 기르도록 해야 한다. 나는 그 지점에서 상담이 아니라 코칭이 필요하다고 생각한다.

운동 트레이너의 "힘들었죠"라는 말만으로 근육이 만들어지지 않듯 마음도 위로만으로는 단단해지지 않는다. 마음의 근육 역시 반복된 훈련을 통해 만들어진다. 그 훈련의 핵심은 언제나 생각하는 힘이다.

생각의 근육은 다른 사람의 말에 의해서가 아니라 자신에 대해 진지하게 생각할 때 길러진다. 외로움, 우울, 두려움, 무력감, 공황 같은 감정이 처음 밀려올 때 누군가의 공감은 분명 큰 힘이 된다. 그렇다고 그 위안에 계속 의지할 수만은 없다. 힘들다고 매번 상담실에 들어갈 수도 없고 삶의 무대 위에서는 누구나 혼자 서야 한다.

이때 아주 중요한 사실이 하나 숨어 있다. 바로 나에게조차 내가 느끼는 감정이 항상 가장 중요한 것은 아니라는 점이다. 가끔은 심리 상태보다 내 삶이 중요하고 기분보다 역할이 중요할 때가 있다. 감정은 늘 변하지만 지켜야 할 것들은 쉽게 변하지 않는다. 가족, 책임, 일상, 미래 등. 그러니 지금의 괴로움이 삶의 전부가 되게 두어서는 안 된다.

나쁜 상황이 지속되면 우울의 함정에 빠지는데 우울은 시야를 좁힌다. 삶 전체를 고통 하나로 덮어버린다. 그렇기 때문에 생각의 근육이 필요하다. 자기 생각을 그대로 믿지 않고 '지금 이 생각이 전부일까?'라고 물을 수 있는 힘. 그것이 심리학에서 중요한 메타인지이다.

사람이 완전히 무너졌을 때 누군가 손을 내밀어주면 큰 도움이 되지만 매번 손을 내밀어주면 스스로 일어나는 힘은 자라지 않는다. 아이에게 계속 병뚜껑을 열어주다 보면 스스로 열 기회는 사라진다. 흘릴 것을 알면서도 직접 해보게 해야 하는 이유이다. 상황이 힘들수록 우리 안의 어른 자아는 지치고, 마음속 어린아이의 목소리는 커진다. 그렇기에 힘든 사람일수록 더 감정적으로 행동하고 즉각적인 위안을 찾으며 위험한 선택에 가까워진다.

'당신이 옳다'라는 위안도 과하면 독이 된다. 자신감이 과하면 만용이 되고 겸손이 과하면 자기비하가 되듯 위안 역시 지나치면 성장을 막는다. 계속해서 괜찮다는 말만 듣는 사람은 세상이 요구하는 규칙과 책임을 내면화할 기회를 놓친다. 그 결과 성인이 되어도 감정은 어린아이 수준에 머물게 된다. 힘들 때마다 공감과 위안에만 의지하는 것은 애착 인형에 매달린 아이와 닮아 있다. 필요했던 시기는 이미 지났지만 의존의 습관만 남아 어른의 행동을 지배한다.

공감은 필요하다. 위안도 마찬가지다. 하지만 그 전에 우리는 스스로 견디는 사람이 되어야 한다. 그게 무대에 서는 사람의 기본 체력이고 오래 살아남는 멘탈의 조건이다.

감정
과장

"두 번 다시 사랑할 수 없다."

"이번 실패로 내 인생을 망쳐버렸다."

"이 좌절은 평생을 고통 속에 밀어 넣을 것이다."

"이 상처로 인생은 끝났다."

이런 말들을 내뱉었을 당시 그 순간에는 모두 사실처럼 느껴졌다. 멋있으려 과장한 것이 아니라 너무 생생했고 진심이었으며 확신에 차 있었다. 우리는 그런 말을 쉽게 믿었으며 실제 삶의 판단 기준으로 삼아버렸다. 반대의 경우도 마찬가지이다. 상황만 다를 뿐 언제나 반복되었다.

"당신 같은 사람은 처음이에요."

"당신 없이는 살 수 없어요."

"이 기분으로 평생 살 수 있을 것 같아요."

"오늘 하루만이라도 기회가 있다면 제 인생을 바치겠습니다."

자기의 감정이 영원할 것이라고 믿는 이들의 말이다. 그 믿음으로 선택하고 약속하며 결정하는 것이다. 시간이 흐른 뒤에서야 그들은 깨닫는다. 그 약속이 얼마나 자주 깨지고 그 확신이 얼마나 쉽게 바뀌는지 말이다.

어린 시절의 우리는 평생 그때의 관점으로 세상을 살 것이라 믿었다. 사탕과 초콜릿이 최고의 행복이고 주사는 세상에서 가장 큰 고통이며 어른의 삶은 상상조차 되지 않았다. 지금은 어떤가. 아마 그때의 확신을 떠올리자면 희미한 웃음부터 짓게 될 것이다.

사람은 변한다. 확장되기도 하고 위축되기도 하며 성장과 퇴보를 경험한다. 심지어 잘 변하지 않는 사람조차 시대의 변화 속에서 뒤처지고 밀려나기 마련이다.

지금의 감정으로 미래 전체를 확정하려는 말들은 결

국 이렇게 해석된다.

"나는 아직 일부만 보았지만 전부를 본 것처럼 말하고 있다."

감정이 강할수록 그것을 진실로 착각하기 쉬운데 감정은 사실이 아니다. 엄밀히 말하면 감정은 상태이다. 상태는 반드시 변한다. 문제는 감정을 느끼는 것이 아니라 그것을 영구적인 판단으로 격상시키는 데 있다. 좌절했다고 해서 인생이 끝나는 것은 아니며 상처를 받았다고 해서 평생 고통 속에 사는 것도 아니다. 그저 지금 너무 아프기 때문에 그렇게 느껴질 뿐이다.

야구선수 요기 베라의 유명한 말처럼 인생은 "끝날 때까지 끝난 게 아니다." 감정을 과장하는 순간 아직 오지 않은 미래까지 지금의 기분으로 망치게 된다.

우리에게 필요한 것은 감정을 없애는 것이 아니라 감정을 그 자리에 돌려놓는 힘이다. '지금은 이렇게 느끼고 있다'라는 정도로 말이다. 그렇게 말할 수 있을 때 사람들은 감정의 노예가 아니라 자기 삶의 주인으로 남게 된다.

내일은
더
괜찮아질 것이다

"으윽, 싫어요. 맛이 없어요. 커피는 절대 안 마실래요."

한 매체에서 초등학교 저학년 아이들에게 커피를 맛보게 한 뒤 어른이 되면 커피를 마실 것 같은지 묻는 실험을 한 적이 있다. 반응은 예상대로였다. 대부분의 아이들이 맛이 없다, 싫다, 역겹다고 말하며 단호하게 덧붙였다.

"커서도 절대로 안 마실 거예요."

몇몇 아이들은 이렇게도 말했다.

"아마도요."

이 대답이 중요하다. 사람은 원래 지금의 감정으로 미래를 단정하지 않는 존재이기 때문이다. 하지만 종종 아마도라고 말해야 할 순간에 확신, 단정, 영원한 약속 같은 말들을 꺼내 든다.

"이렇게 될 줄 몰랐다."

나중에 이런 말을 하게 될 것이 뻔하지만 조심스러운 예측이나 통계, 가능성을 밀어내고 대신 이렇게 말한다.

"나에 대해서는 내가 제일 잘 안다."

그 확신이야말로 가장 자주 틀리는 것인데도 말이다. 커피를 절대 마시지 않겠다고 말한 아이들 대부분은 어른이 되면 커피를 마시게 될 것이다. 그렇다고 그 아이들이 거짓말을 한 것은 아니다. 당시의 느낌에 충실했을 뿐이다. 처음 술을 먹었을 때 "이런 걸 왜 먹어요?"라고 말했던 사람들 중 현재도 술을 마시지 않는 사람이 얼마나 되겠는가. 처음부터 담배 연기가 역겹지 않았던 흡연자는 또 얼마나 되는가.

우리의 판단과 감정은 지금 이 순간의 상태에 강하게 붙들려 있다. 심리학에서는 이를 현재 편향(Present bias)이라고 부른다. 지금의 고통이 영원할 것처럼 여겨지고 확신은 변하지 않을 진실처럼 느껴지지만 시간은 기억을 닳게 한다. 결심은 햇볕에 오래 노출된 플라스틱처럼 조금씩 색이 바래고 금이 간다. 좋은 기억은 시간이 지나도 반가운 얼굴로 돌아오지만, 나쁜 기억과 고통은 점점 찾아오는 빈도가 줄어든다. 삶이 지속된다는 증거이다.

그러니 나중에 어떻게 될지 모른다는 이유로 지금을 닫기보다 오히려 현재에 더 열릴 필요가 있다. "사랑해"라는 말을 들었을 때 '언제까지일까'를 계산하느라 그 말이 주는 빛을 놓치지 말자. "고마워"라는 말을 들었을 때 '이만큼 했으니 돌아오겠지'를 따지기보다 줄 수 있었던 자신의 마음을 느껴보자. "미안해"라는 말이 당장의 상처를 다 낫게 하지는 못하더라도 마음을 다시 열어둘 이유 하나가 생겼다는 사실은 인정해도 괜찮다.

확신만이 진실의 증거는 아니다. 지금의 감정이 변한다고 해서 거짓이 되는 것도 아니다. '나는 안 변한다'는 말보다 '어쩌면 변할지도 모르지만 지금 나는 이런 마음이다'라는 말이 훨씬 더 정직하다.

우리도 열 살 때는 커피와 담배, 술의 맛을 이해하지 못했다. 그런 의미에서 지금의 아픔과 좌절, 상실 역시 언젠가는 다른 의미로 남게 될 것이다.

당신은 조금 더 괜찮아질 것이다. 그리고 그런 시간은 생각보다 더 자주 찾아온다.

확실히
남의 문제는
쉽다

"야, 헤어져. 뭐 하러 네가 손해를 보면서 그런 사람을 계속 만나고 있는 거니. 네가 아까워. 다른 사람 만나면 돼."

"때려치워. 뭐가 모자라서 그런 대접을 받고 그런 데를 계속 다녀. 내가 다른 데 알아봐줄게. 그런 대접 받으면서 네 인생을 낭비하지 마."

"그게 뭐 그렇게 대단한 문제라고 계속 매달리고 있냐. 훌훌 털어버려. 살다 보면 그런 일도 있는 거지."

"별것도 아닌데 뭘 그렇게 고민하고 있냐. 용기를 가

지고 한번 질러봐. 어떻게든 되겠지. 위험을 감수해야 큰 성공이 오는 것 아니겠냐. 너도 할 수 있어. 도전해!"

남의 문제는 이처럼 늘 쉽다. 사람들은 자기 문제보다 다른 사람의 문제를 훨씬 잘 푸는 경향이 있다. 내 문제에서는 도무지 보이지 않던 해답이 타인의 문제 앞에서는 또렷하게 보인다. 나는 그 이유를 이렇게 생각한다. 사람들은 대개 '나는 복잡한 문제를 안고 있고, 저 사람은 뻔한 문제로 괴로워한다'라고 단정한다. 이 차이는 능력 때문이 아니라 접근 방식의 차이에서 온다.

자기 문제를 대할 때는 대부분 감정적으로 반응한다. 반면 다른 사람의 문제는 사고적으로 바라본다. 남의 문제 앞에서는 군자 혹은 도덕 선생같이 굴며 부처님처럼 말한다. 하지만 내 문제 앞에서는 전투 중인 병사처럼 반응한다.

접근 자체가 다른 이유는 거리 때문이다. 다른 사람의 문제는 멀리서 보기 때문에 전체가 보인다. 당사자가 느끼는 감정의 무게를 직접 짊어지지 않으니 해결책 중심으로 접근할 수 있어 훈수를 둘 수 있는 것이다. 훈수를 두던 사람도 직접 판에 들어가면 그 능력은 금세 사라진다. 텔레비전에서 방영되는 퀴즈 쇼를 보며 "왜 저걸 몰라?"라고 말해도 막상 무대에 서면 머리가 하얘지는 것과 같다. 관찰자는 긴장과 책임을 지지 않기 때문에 냉정하게 접근한다.

사람들은 남의 일을 판단할 때 흔히 '행위자-관찰자 편향'에 빠진다. 타인의 행동은 결과 중심으로, 자신의 행동은 상황 중심으로 해석하는 것이다. 남의 문제를 쉽게 볼 수 있는 이유가 거리와 감정의 개입 정도에 있다면 내 문제도 잠시 거리를 두고 바라볼 수는 없을까.

모든 문제는 너무 가까이서 보면 풀리지 않는다. 자신의 문제는 내가 너무 깊이 개입되어 있어 감정이 판단을 방해한다. 그럴 때는 차라리 '이게 내 문제가 아니라면?' 하고 생각해보는 것도 도움이 된다. 다른 사람의 문제를 보듯 불필요한 요소를 덜어내고 덜 중요한 것들을 제거하면 현실적인 해답에 더 가까워진다.

흔히 감정적인 상태가 문제라고 말하지만 사실 감정 자체가 문제는 아니다. 문제는 감정에 열중한 상태이다. 강한 감정에 휩싸이면 사람은 시야가 좁아지고 지금이 전부라는 착각에 빠진다. 감정이 강할수록 의식적으로 시야를 넓혀야 한다. 지금이 아니라 나중을 계속해서 떠올릴 수 있어야 한다. 이렇게 결과를 상상하고 그 근거로 미래를 추측하는 힘이 사고력이고 메타인지 능력이다. 복잡한 문제에 부딪혔을 때 다음과 같은 질문도 도움이 된다.

'이 문제가 다른 사람한테 벌어졌다면 뭐라고 말했을까?'

이 질문은 문제를 사고적으로 바라보게 만든다. 더 현명해져서가 아니라 감정의 밀착을 잠시 풀었기 때문이다.

끝으로 기억할 것은 다른 사람을 판단하기는 쉽고 거기에 확신을 가질수록 오류는 커진다는 점이다. 상황의 힘은 우리가 생각하는 것보다 훨씬 강하다. 다 보지 못한 맥락은 항상 존재한다. 그러니 만약 누군가에게 충고하고 싶어진다면 두 번에 한 번 정도는 입을 닫고 먼저 이렇게 묻자.

"지금 어떤 상황이에요?"

단순한 질문이지만 불필요한 상처를 줄이고 상대에게 도움이 될 가능성을 남길 것이다.

착한 것과
약한 것

연예인들이 방송에서 종종 이런 이야기를 한다.

"제가 좀 착해서요. 사람을 잘 믿어서 많이 당했어요."

사기를 당하거나 지인의 부탁을 거절하지 못해 큰 손해를 봤다는 고백이다. 아이돌 그룹 안에서도 특정 멤버가 지인에게 속아 큰돈을 잃었다는 이야기는 낯설지 않다. 내가 아는 유명인들 중에도 미래를 대비해 모아둔 돈으로 지인과 동업했다가 큰 고생을 한 경우가 여럿 있다.

"착하고 믿을 만하던 사람이었는데요."

"거짓말을 할 사람처럼은 안 보여서 믿었어요."

여기서 흥미로운 점은 손해의 원인을 설명하는 방식이다. 대부분의 문제는 상황이나 판단의 오류보다 본인이 착했다는 말로 정리된다. 마치 착함과 손해가 자연스럽게 연결되는 것처럼 말이다.

O 역시 팀에서 흔히 말하는 천사 같은 멤버였다. 스케줄이 겹치면 다른 멤버에게 스태프를 먼저 양보했고 연습이 늦게 끝나도 지친 기색 없이 항상 끝까지 남아 자리를 지켰다. 컨디션이 좋지 않은 동료를 대신해 일을 도맡아 하는 것도 언제나 그의 몫이었다. 처음에는 좋은 팀워크로 보였고 실제로도 모두가 그에게 고마움을 느꼈다. 문제는 그의 이런 태도가 한 번이 아니라 고정된 이미지가 되었을 때였다. 여기저기서 그를 향한 부탁이 점점 잦아졌고 요청의 강도도 세졌다.

처음에 O는 불편해도 내색하지 않았다. 자신의 이미지가 마음에 들기도 했고, 주변에 예민한 사람처럼 보이고 싶지 않았기 때문이다. 그러던 어느 날, 연습 도중 크게 무리가 왔고 그제야 문제가 있음을 깨달았다. 그는 상담에서 말했다.

"단지 착한 사람으로 남고 싶었을 뿐인데, 어쩌다 일이 이렇게 됐는지 모르겠어요."

내가 그에게 가장 먼저 건넨 코칭은 '착하다'의 정의였다. 착한 사람은 요구를 다 들어주는 사람이 아니라 선을 넘는 요구를 거절할 수도 있는 사람이라고 말이다. 그러자 그는 작은 선택부터 바꾸어갔다. 각자의 스케줄을 조정하는 자리에서는 처음으로 이렇게 말하기도 했다.

"이번에는 제가 하기 어려울 것 같아요."

여기에는 긴 설명도 변명도 필요하지 않았다. 그의 이런 단호함에도 팀은 무리 없이 굴러갔다. 누군가는 다른 대안을 찾았고 자기 몫을 조정했다. 그가 희생하지 않는다고 해서 팀이 무너지는 일은 없었다. 이후로 그의 태도는 180도로 달라졌다. 남을 도울 여력이 있을 때는 기꺼이 도왔지만 본인의 한계를 넘어서는 요청에는 분명히 선을 그었다. 그는 여전히 선하고 착한 사람이었지만 주변에 이용만 당하지는 않았다.

사람을 평가할 때 착하다는 말은 대개 긍정적인 의미로 쓰인다. 세상에 착한 사람을 싫어하는 사람은 없다. 문제는 착함의 기준이 사람마다 지나치게 다르다는 것이다.

아주 오래전 초등학교가 아니라 국민학교로 불리던 때, 그 당시에는 매주 학급회의마다 선행 어린이를 뽑는 시간이 있었다. 우리 반에는 이 상을 거의 독식하던 친구가 있었다. 지금 와서 생각해보면 특별히 선행을 많이 했다기보다 말수가 적고 존재감이 크지 않으며 눈에 띄는 문제를 일으키지 않는 아이였다. 일단 착한 아이라는 이미지가 만들어지자 사람들은 그 기준을 꼼꼼히 따지지 않았다. '이번 주도 그 애지'라며 착함은 검증이 아니라 관성으로 유지됐다.

흔히 착하다고 부르는 기준은 이렇다. 조용한 사람, 남을 불편하게 하지 않는 사람, 시키는 대로 잘 하는 사람, 자기 의견을 내세우지 않는 사람, 부탁을 거절하지 않는 사람. 우리를 편하게 해주고 원하는 대로 움직여주는 사람. 하지만 남에게 이득을 주는 방식이 꼭 소극적일 필요가 있을까.

분위기를 살리는 친구도 학급의 질서를 위해 나서는 반장도 분명 착한 사람이었다. 능동적으로 나서는 행동은 때로 요란해 보이고 누군가에게 귀찮음을 줄 수도 있다. '다 같이 더 재밌게 해보자'는 제안이 누군가에게는 부담이 되기도 하니까. 그래서인지 편하게 해주는 사람은 착한 사람으로, 적극적으로 움직이는 사람은 다른 성격의 사람으로 분류된다. 이런 관념 속에서 자라면 사람들은 자연스럽게 믿게 된다.

'착한 사람은 양보해야 한다.'

'착한 사람은 거절하지 않는다.'

'착한 사람은 자기주장을 하면 안 된다.'

그 결과 착한 사람으로 알려진 이에게는 부탁이 몰리고 요구가 늘어나며 이용하려는 사람들이 가까이 붙는다. 그 결과 이용당할 확률도 함께 높아진다.

여기서 분명히 짚고 넘어가야 할 점이 있다. 착하다는 것은 약하다는 뜻이 아니다. 정의를 지키는 사람, 부당함에 맞서는 사람은 모두 착한 사람이다. 그런 사람들은 대개 약하지 않다. 오히려 흔들림 없이 자기 기준을 지킬 줄 아는 강한 사람들이다. 진상 짓과 얌체 짓을 용납하지 않는 사람, 여러 사람이 피해 보는 상황을 그냥 넘기지 않는 사람, 선을 넘는 요구에 그건 아니라고 말할 수 있는 사람은 분명 착한 사람이다.

양보와 착취는 다르다. 자기 한계를 알고 호의가 악용되지 않게 하고 베풀되 빼앗기지는 않으며 자신을 존중할 줄 아는 것. 그것이 착한 사람의 조건이다.

그 시절 선행 어린이로 불리던 그 친구는 아마도 남의 영역을 침범하지 않고 사람을 존중할 줄 아는 어른으로 자랐을 것이다. 착하되 약하지 않은 사람으로 말이다.

4부

그러니 할 수 있는 것에 집중하자

그러니 할 수 있는 것에 집중하자

내 감정의 주도권을 지키는 법

다른 사람의 약점이나 실수를 집요하게 물고 늘어지는 사람들이 있다. 같은 말을 반복해서 던지며 상대의 균형을 흐트러뜨리고 마치 이긴 것처럼 만족해한다. 물론 사람들 사이에는 어느 정도의 놀림과 장난이 존재할 수 있다. 그 자체가 특별한 일은 아니다. 동물들도 그렇게 논다. 문제는 농담과 조롱의 경계이다. 함께 웃을 수 있으면 농담이지만 상대를 깎아내리는 것이 목적이 되면 조롱이 된다. 의도를 정확히 확인할 수 없기에 이 둘을 명확히 구분하기는 어렵다.

"듣는 사람도 웃어야 장난이지 듣는 사람이 기분 나쁘면 그냥 괴롭힘이다."

농담과 조롱의 경계를 두고 흔히 하는 말이다. 만약 상대의 농담이 자신을 겨냥하더라도 그 말이 가치에 대한 평가라고 받아들이지 않으면 상처로 남지 않는다. 말은 말일 뿐이고, 다른 사람이 한 말은 그 사람의 것이다. 그 말이 나를 향해 있든 누군가를 공격하든 그 말의 책임은 말을 한 사람에게 있다. 그럴 때는 "왜 나한테 그래?"라고 묻기보다 말의 소유권을 분명히 하는 쪽이 훨씬 효과적인 대응이 된다.

"그건 네 생각이지."

한 개그맨이 유행시킨 이 짧은 문장은 상대의 기선을 제압한다. 싸우지 않으면서도 선을 긋고 상대가 의도한 감정 싸움에 휘말리지 않게 해준다. 중요한 것은 상대에게 휘둘리지 않았다가 아니라 내가 그 말에 타격감을 입지 않았으며 어떤 영향도 받지 않았다고 느끼는 감각이다. 그럼에도 상대는 이렇게 말할 수 있다.

"장난인데 왜 그렇게 예민해?"

이때도 상대의 반박을 듣고 당황할 필요는 없다. 문제를 만든 쪽은 나의 반응이 아니라 듣는 사람이 싫어하는 말을 계속 던진 그 태도에 있다.

"장난으로 치기에는 기분이 좀 별로네요."

"그게 장난이면 완성도가 높진 않네요."

이후에는 이렇듯 가볍게 말하면 된다. 상대를 이기려 들 필요는 없다. 이기려고 드는 순간, 진흙탕으로 끌려간다. 돼지와 싸우면 몸이 더러워지는 쪽은 늘 사람이다. 게다가 그 싸움을 돼지는 즐긴다.

다른 사람의 말이 늘 우리의 기분을 결정하는 것은 아니나, 나에 대한 말이라면 사실상 영향을 받기 마련이다. 상대가 의도적으로 나를 흔들려 했다 해도 내 기분이 망가진다면 결국 내 손해이다. 기분이 지나치게 상하면 필요한 대응조차 못 하게 된다. 맞대응이 필요한 때도 있지만 확인할 가치조차 없을 만큼 무례한 말에는 무시가 낫다. 자신에 대한 믿음이 무게중심을 잡고 있으면 조금 흔들린다고 쓰러지는 법은 없다.

손해 보지
말아야 한다는
말의 함정

어린 학생들과 연습생을 대상으로 하는 교육에서 내가 중요하게 여기는 몇 가지가 있다. 바로 그들이 자기 삶을 사랑하고 사람들과 건강한 관계를 맺으며 좋은 인생을 살아가려는 태도를 갖는 것이다. 성공은 실력과 노력만으로 보장되지 않는다. 운과 타이밍이 작용하는 영역이 분명히 존재한다. 하지만 행복한 인생은 다르다. 행복은 결국 어떤 태도로 살았는가, 어떤 선택을 반복했는가에 의해 결정된다.

나는 학생들에게 대단히 윤리적인 삶을 살라고 요구

하지 않는다. 다만 타인에게 도움을 주는 방향을 선택하고 피해를 주는 결정만은 피하며 기본적인 도덕과 배려를 삶의 기준으로 삼으라고 말한다.

아이돌과 연습생은 혼자서 성공할 수 없는 직업을 선택한 사람들이다. 팀원, 스태프, 회사 구성원들의 협력 없이는 아무리 뛰어난 재능을 가졌어도 무대에 오를 수 없다. 서로 배려하고 존중해도 성공이 어려운 세계에서 갈등과 계산으로만 관계를 맺는 태도는 결국 실력과 인성을 모두 갉아먹는다. 이때 나는 '내가 먼저 행복해야 한다'는 말과 '나만 행복하면 된다'는 생각을 분명히 구분하도록 가르친다.

각자의 행복은 분명히 삶에서 중요한 목표이지만 나는 혼자서 만들어진 존재가 아니다. 가족, 친구, 동료, 사회와 연결된 존재이다. 주변이 무너진 채 나만 온전히 행복하기란 현실적으로 불가능하다.

실제로 크게 성공한 사람들 중 "나만 잘 먹고 잘 살고 싶었다"라고 말하는 경우는 거의 없다. 성공은 대개 사랑하는 이들에게 더 많은 것을 해주게 되었을 때 비로소 의미를 갖는다. 나는 학생들에게 눈앞의 작은 이익을 좇기보다 더 많은 사람들을 기쁘게 하는 선택을 할 수 있어야 한다고 말한다. 무대에 서는 사람은 타인을 기쁘게 하는 일을 업으로 선택한 이들이다. 그렇기에 감정과 손익 계산에만 머무르면 자기 일을 진심으로 사랑하기 어려워진다.

우리는 당장 보상이 없어도 남을 돕는 행위 자체에서 만족을 얻는다. 돕고 있다는 사실, 도울 수 있는 위치에 있다는 사실에서 자긍심을 느낀다. 그 덕에 사회가 유지된다. 악당과 이기적인 사람이 존재해도 대부분의 사람들이 작게라도 배려하고 피해를 주지 않으려 노력하기에 그럭저럭 함께 살아갈 수 있다.

도덕성은 거창한 선언이 아니라 작은 선택에서 드러난다. 규칙이 있어서가 아니라 당연하게 지키는지, 이익이 없을 때도 배려를 선택하는지, 남이 보지 않을 때도 같은 태도를 유지하는지 등 이런 반복된 선택이 그 사람의 인성을 만든다.

심리학에서는 어떤 행위를 관찰한 것으로 누군가의 인성을 단정하는 것을 경계한다. 인성에서 비롯되는 행동도 있지만 상황에 의해 불가피하게 일어나는 반응일 때가 훨씬 더 많기 때문이다. 사람은 누구나 자기가 하고 싶지 않은 행동을 해야 할 때가 있고 평상시와 다르게 행동할 때도 많다. 그렇기에 어떤 행위가 그 사람에게서 반복되는지가 중요하고 하나의 행동이 다른 행동들과 전체적으로 일관성이 있는지를 따져보려고 한다. 그런 점에서 파편적인 동작으로 누군가 거짓말을 하는지 알 수 있다거나 그 사람의 지적 능력, 자신감을 확인할 수 있다는 주장은 경솔하고 정확도도 매우 낮다.

꾸준히 하는 것이 무엇인지를 보면 그 사람의 어떤 프로필보다 그에 대해 많은 것을 알 수 있다. 무대 위의 태도 역시 마찬가지다. 결코 우연히 만들어지지 않는다. 무대 밖에서 사람을 대하는 방식, 이익이 없을 때의 선택, 아무도 보지 않을 때의 태도가 쌓여 만들어진 결과이다. 성공은 예측할 수 없어도 어떤 사람으로 살아갈지는 각자가 선택할 수 있다. 그 선택이 쌓여 무대 위의 얼굴과 무대 밖의 삶을 하나의 이야기로 만든다.

보이는
행복에
속지 않기

"내가 얼마나 잘 살고 있는지 보여줄게. 이만큼 가지면 얼마나 행복한지 직접 보라고."

유명인들을 내세운 이런 메시지의 프로그램들은 현재 텔레비전과 매체를 가득 채우고 있다. 혼자서든 가족과 함께든 '이 정도는 돼야 보여줄 만하지', '이게 행복의 조건이야'라고 말하는 듯하다.

우리는 그런 장면을 보며 자기보다 힘들게 사는 사람의 삶을 떠올리는 대신 풍족하고 여유로운 삶을 바라보게 된다. 그렇게 행복의 조건을 차근차근 학습한다. 엄밀히 구분하면 방송은 대리만족의 세계이다. 직접 경험하기 어려운 일들, 가기 힘든 곳, 비용과 시간이 과도하게 드는 경험들을 대신 보여주는 창구이다. 프리미어리그 선수와 공을 주고받고, 미슐랭 3 스타의 식당에서 식사를 하고, 하룻밤 숙박료가 수천만 원에 이르는 공간에 머무는 장면들은 일반적이지 않다. 그 외에도 특수 제작된 세트에서 게임을 즐기며 웃고 떠들다 특별한 음식과 선물을 제공받기도 한다. 이런 장면들은 사람들로 하여금 자연스럽게 부러움의 감정을 자극한다.

"와! 정말 좋겠다."

"놀면서 돈도 벌고 귀한 대접도 받네."

"연예인들은 참 행복하겠다."

하지만 우리는 자주 잊는다. 방송국은 영상을 찍는 곳이 아니라 만드는 곳이라는 사실을. 아무리 생생한 영상이어도 기획, 편집, 조명, 음악, 효과가 더해진 결과물이다. 맛있어 보이는 음식이 실제로는 입에 맞지 않을 수도 있고 멋진 장소 역시 그곳에 도달하기까지 고된 일정이 뒤따른다. 평범한 경험도 방송에 나오려면 대단해 보이게 만들어져야 한다. 게다가 그 장면들을 누리는 사람은 연예인 중에서도 극히 일부이다. 대다수는 그런 세계와 거리가 멀다. 이들 역시 유명하지 않으면 기회는 거의 없다. 유명세 역시 생각만큼 오래가지도 않는다. 현재의 눈부신 장면 이전에는 기약 없는 무명의 시간이 있었고 그 이후에도 또 다른 기다림과 소진의 시간이 이어진다.

아이돌 연습생들은 하루 열 시간 넘게 지하 연습실에서 춤을 추고 식단을 조절하며 사생활을 제한받은 채 노래와 연기를 반복해서 훈련한다. 그들은 그 과정을 일상이라고 부른다. 배우 지망생이라고 다를까. 대중에게 얼굴을 비추기 위해 수십, 수백 번의 오디션을 본다. 그 과정에서 권력을 이용해 부당한 요구를 일삼는 사람들도 견뎌야 한다. 연예인이라는 이름을 이용하려는 사람, 쉽게 번 돈이라며 나누자고 하는 사람, 사기와 착취를 노리는 사람들이 끊임없이 따라붙는다. 지인 관계에서도 예외는 아니다. 운동선수들도 마찬가지다. 특히 그들이 얻는 영광은 인간의 한계를 넘나드는 절제와 고통의 결과이다.

김연아 선수는 한 인터뷰에서 말했다.

"요즘에서야 조금 행복하다고 느껴요. 제 삶의 98퍼센트는 고통이었어요."

우리는 누군가를 부러워할 때 보이는 것만 보고 싶은 것만 보려는 경향이 있다. 그들의 삶을 오해한 채 그 위에서 내 삶을 비교하고 평가한다. SNS 역시 마찬가지다. 사진 속 장면이 그 사람의 전부일 것이라 착각하지만 실제로 그렇게 사는 사람은 거의 없다.

빛이 강할수록 그늘도 짙어진다. 보이는 것이 전부가 아니며 보이는 행복이 곧 좋은 삶의 기준이 되는 것도 아니다. 중요한 것은 화면 속의 삶이 아니라 내가 지금 어떤 기준으로 내 삶을 판단하고 있는가이다.

당신은
죽고 싶은 게
아니다

죽고 싶다는 말은 절박하고 힘든 상황에서 흔히들 쓰지만 자기 처지를 대변하는 정확한 표현이라고 볼 수는 없다. 그 말은 대개 삶이 너무 괴롭고 지금의 상태를 더는 견딜 수 없다는 뜻에 가깝다. 죽음을 간절히 원해서라기보다 사는 게 아프고 버거워서 이 상태가 끝났으면 좋겠다는 절박한 신호로 봐야 한다.

사람이 어떤 것을 진심으로 원하려면 그것이 무엇인지 구체적으로 알아야 한다. 무엇을 원하는지 모르면 얻을 수도 없다. 특히 형태가 없는 바람일수록 더 정확한 언어가 필요하다.

"어디로 가고 싶나요?"

"미국에 가고 싶어요."

이 말로는 아무 데도 갈 수 없다. 미국은 너무 크고 도시는 너무 많기 때문이다. 그런 의미에서 죽고 싶다는 말 역시 정확한 목적지 없이 지금 있는 자리에서 벗어나고 싶다는 외침에 가깝다.

우리는 종종 잘 알지 못하는 것, 경험해본 적 없는 것을 마치 간절히 원하는 것처럼 착각한다. 뷔페에서 보기에는 맛있어 보이던 음식을 접시에 가득 담아 왔다가 몇 입 먹고 내려놓는 경험처럼. 이렇듯 실제 대상이 아니라 내가 상상한 이미지를 원했을 뿐인 경우가 많다. 정말 원한다고 믿었던 것들도 막상 겪어보면 이럴 줄 몰랐다는 말이 먼저 나오기도 한다. 회사 생활이나 결혼도 마찬가지다. 확신에 찬 선택이 놀라울 만큼 빠르게 익숙해지고 기대와 전혀 다른 얼굴을 드러내는 일은 흔하다.

그렇다면 누구도 경험해본 적 없는 죽음에 대해 확신을 가질 수 있을까. 죽음은 직접 겪어볼 수도 없고 되돌아와

수정할 수도 없는 선택이다. 그 선택이 내 삶뿐만 아니라 주변 사람들의 삶에 어떤 흔적을 남길지 우리는 정확히 알지 못한다. 삶이 극도로 고통스러워지면 사람은 비교의 균형을 잃는다. 지금의 고통만 또렷해지고 죽음은 마치 고통이 없는 상태처럼 보인다. 고통이 만들어낸 착시이다.

실제로 H는 그런 착시 속에 오래 머물러 있었다. 화면에 손목이라도 나오는 장면이 있으면 대역을 써야 할 만큼 그의 손목에는 깊고 반복적으로 만들어진 흉터가 남아 있었다. 그것은 H가 스스로 믿어온 가장 고통스러운 인생의 증거였다. 그는 약물을 복용하고 폭음을 하는 방식으로 스스로를 학대했고, 자신이 세상에서 가장 힘든 순간을 지나고 있다고 확신했다.

하지만 H는 한번도 생각해보지 않았다. 지금껏 가장 잔인했던 것은 세상이 아니라 자기였을지도 모른다는 사실을. 사람들이 H를 괴롭히고 아프게 한 적은 있었지만 누구도 그의 삶을 중단시키려 한 적은 없었다. 오직 자기만 그렇게 하려고 했다. 그것은 자신을 향한 부당하고 편파적인 판정의 결과였다.

오직 자기 인생만 쳐다보는 사람들은 다른 사람들이

어떻게 살아가는지 알지 못한 채 자기만 가장 고통스러운 경험을 했으며 불행하다는 결론을 내리기 쉽다. 다행히 H와는 여러 차례 심리 수업을 진행하며 그가 알고 있는 사람들에 대해서 계속 이야기했다. 또한 그가 지금껏 본 영화나 드라마 속의 인물들에 대해서도 토론하며 다른 사람들의 상황과 인생을 생각해볼 기회를 가졌다.

'내가 저 사람들의 상황이었다면 어땠을까. 저들이 내 삶을 산다면 어떤 감정을 느낄까.'

타인의 관점에 잠시 서보기만 해도 우리가 여태 짊어지고 있던 고통과 불행의 무게가 달라진다. 내 삶만이 가장 잔혹하다는 믿음 역시 흔들린다. 그러니 불현듯 죽고 싶다는 생각이 든다면 조금만 방향을 다르게 생각해서 말해보자.

"사는 게 너무 힘들다."

"지금은 삶에서 좋은 것이 거의 느껴지지 않는다."

"이 상태가 언제 끝날지 모르겠다."

이 말들이 지금의 상태를 훨씬 더 정확하게 설명한다.

고통이 인생의 전부로 남는 경우는 없음을 기억하자. 노예선에서 쇠사슬을 차고 실려 왔던 사람들 중에도 살아남은 이들이 있었다. 그들이 특별히 강해서라기보다 아마 버텼기 때문에 살아남을 수 있었을 것이다. 버티는 일은 패배가 아니라 가장 숭고한 노력이니까.

어디선가 본 글귀인데 이 글의 마무리로 와닿을 듯해 덧붙인다. 마음에 부적처럼 새기고서 힘든 순간에 이 글귀와 당신을 사랑하는 사람들의 얼굴을 떠올려보자.

"I have never met a strong person with an easy past. Be proud of your scars, and take pride in the fact that you are still standing."

— 강한 사람 중에 쉬운 인생을 산 사람은 없다. 당신의 상처를 부끄러워하지 말라. 그리고 아직도 당신이 여기 서 있다는 사실을 자랑스럽게 여겨도 된다.

내가
나를
대하는 방법

"*We are never so happy nor so unhappy as we suppose.*"

— 우리는 우리가 생각하는 것만큼 그렇게 행복하지도, 그렇게 불행하지도 않다.

프랑스의 철학자 라 로셰푸코의 말이다. 이 문장은 우리의 행복과 불행이 객관적인 상태가 아니라 주관적인 해석에 가까움을 일깨워준다. 인생에서 내가 나를 대하는 방법은 여러 가지가 있다. 나에게 해줄 수 있는 좋은 일은 셀 수 없이 많지만 가장 나쁜 것이 무엇인지는 비교적 분명하다. 바로 자기 자신을 조금씩 소멸시키는 일이다.

"일이 이렇게 된 것은 다 내 탓이다."

"나는 아무짝에도 쓸모가 없다."

"내 인생은 망했다."

이런 자기 비하의 말이 반복되면 삶은 점점 감당하기 어려워진다. 버거움은 단순히 상황에서만 비롯되지 않고 오히려 그것을 견디는 자신을 미워하게 될 때 더 커진다. 빠져나오지 못하는 자신을 원망하고 그 원망이 다시 우울로 돌아와 악순환이 시작된다.

큰 고통은 쉽게 사라지지 않는다. 몸의 고통이든 마음의 고통이든 우리는 그 앞에서 최선을 다해 자신을 지켜야 한다. 고통이 클수록 맞서는 일은 어렵다. 때로는 시간을 견디고 있다는 사실만으로도 이미 충분히 잘하는 것일 수 있다.

시련에 굴복하지 않으려는 의지를 무너뜨리려고 고통이 우리에게 반칙을 하기도 하는데 너무 많은 사람들이 거기에 넘어간다. 힘이 빠지고 상처 입은 자신을 불쌍히 여기는 마음이 우울감에 그만 문을 열어준 것이다. 우울감이 마음에 자리를 차지하고 눌러앉으면 의지나 용기, 이성이나 희망은 모두 힘을 잃는다.

R은 습관적으로 우는 자신이 버겁고 답답하면서도 도무지 빠져나갈 방법을 알 수 없었다. 처음에는 하염없이 울고 나면 잠시 속이 시원해지는 것 같았지만 이내 기분이 다시 가라앉고 우울 속으로 빠져들었다. 우울 속에 빠져 있으면 부모님도 더는 무언가를 하라고 하지 않았다. 다른 뭔가를 해보자는 말도 거부할 수 있었다. 그러다 보니 이제는 사소한 불만이나 불편에 대해서도, 그다지 심하지 않은 스트레스 상황에서도 눈물이 나왔다. 울고 있으면 아무것도 안 해도 되는 환자가 되고, 도움을 받아야 하는 약자가 되며, 피보호자의 신분을 지킬 수 있었다. 울고 있으면 세상은 슬프고 힘든 곳이라고 계속해서 믿을 수 있었다. 아울러 그런 세상을 원망하는 자신이 정당하다고 믿을 수 있었다.

신경 정신과에서 처방받은 항우울제를 복용하기 시작하자 더는 우는 일이 쉽지 않았다. 예전에 울음으로 표현했던 상황들을 하나씩 나누어서 어떤 기분, 생각들이 그런 슬픔과 울음의 이유가 되었는지를 확인했다. 그러자 너무 많은 생각과 감정들이 울음에 섞여 있음을 깨달았다. 섞여버리니 애초에 어떤 것들이 있었는지 알아차릴 수 없어 울기만 했고, 울지 않아도 되는 일에 영문도 모르고 더 크게 울 때도 있었다.

이렇듯 맞서야 할 때 울면 힘이 빠진다. 그래서 진다. 적어도 울려면 최소한 다 싸우고 나서 울어야 한다. 이기고 나서 울면 더 깊게 울 수 있다. 울지 않아도 될 일에 울고 있는 것은 나를 더 약하게 만들 뿐이다. 우는 것 말고는 할 수 있는 게 없는 나약한 나를 만들고 있는 셈이다.

우울은 지금의 상태가 영원할 것처럼 느끼게 만든다. 그렇기 때문에 우울은 감정일 때 다뤄져야 한다. 단순히 의지나 결심으로 끊어낼 수 있는 문제가 아니다. 그 사실을 모른 채 던지는 면박이나 충고는 안타깝게도 당사자에게 아무런 도움이 되지 않는다.

중요한 것은 자신에 대해 좋게 혹은 나쁘게 생각하느냐보다 어떤 방식으로 그런 생각을 갖게 되었느냐이다. 똑같이 안 좋은 상황이 와도 누군가는 '나는 왜 이 모양일까'라고 푸념하는 반면, 누군가는 '그럴 만큼 너무 힘들었다'라고 위안한다. 어쩌면 우리의 경험은 실제의 세상이 아니라 그동안 한 말에 의해 만들어지고 있는지도 모른다.

"내 인생은 망했다."

이 한 문장이 모든 가능성을 지워버리며 뒤따르는 분노, 좌절감, 무력감이 우울로 모여든다.

우울증을 오래 겪어본 사람으로서 자신 있게 말할 수 있다. 우울은 사실이 아니다. 반드시 지나가고야 마는 터널에 불과하다. 그동안 우울을 통과하기 위해, 나를 지켜내기 위해 심리학을 공부했다. 단번에 나아진 적은 없었고 우울과 오래 대화하며 증상이 조금씩 옅어졌다. 그 과정에서 나의 쓸모를 부정하는 말들이 협박처럼 들려오기도 했다. 그 말에 마음이 아플 수 있음은 인정해도 진짜가 아니라고 믿었다. 여전히 나는 누군가를 도울 수 있고 사랑할 수 있으며 무언가를 나눌 수 있다고 생각했다.

어쩌면 자기 돌봄이란 대단한 것이 아닐지도 모른다. 이미 충분히 힘들어하는 자신에게 더는 잔인해지지 않기로 선택하는 일이 아닐까. 당장 삶이 좋아지지 않아도, 삶을 사랑하지 못해도 괜찮다. 다만 삶을 포기하는 쪽으로 자기 자신을 몰아붙이지는 말아야 한다.

나는 우리가 더 나은 선택을 할 수 있다고 믿는다. 그 선택이 인생을 단번에 바꾸지는 못하더라도 우리를 조금 더 오래, 덜 다치게 이 자리에 머물게 해줄 것이라고 믿는다.

가장
현실적인
자기 존중의 태도

상대를 잘 대하는 방법을 두고 자신이 뭔가를 많이 내 줘야 한다고 믿는 사람들이 있다. 내가 내어줄 것이 있어야, 내게서 얻을 것이 있어야 남들이 좋아하고 곁에 머문다고 생각하는 것이다. 맞는 말이다. 사람들은 자기에게 도움이 되는 사람에게 끌리고 무언가를 얻을 수 있는 관계를 더 오래 유지하려 한다.

문제는 그 관계의 주체가 전적으로 내가 아니라 내가 주는 것이 될 때이다. 내가 주는 것 때문에 나를 찾는 사람은 애초에 나를 원한 게 아니라 내가 가진 것을 원했을 뿐이다. 이 둘을 혼동하면 어느 순간부터 사람들의 요구가 나의 가치가 되고 그 요구를 충족시키지 못할 때 쓸모없는 존재처럼 느껴진다.

우리는 거기서 한 발 더 나아가야 한다. 내가 가진 것과 내가 누구인지를 구분할 줄 알아야 한다. 가진 것으로만 평가받고 싶어질수록 나 역시 다른 사람을 볼 때 그가 무엇을 가졌는지, 무엇을 줄 수 있는지에만 집중하게 된다. 그런 눈으로는 사람의 내면을 볼 여유도, 관계를 오래 지킬 힘도 생기기 어렵다.

앞으로 몇 번의 테스트 경연이 남은 것일지 G는 알지 못했다. 매번 하는 심사가 최종 심사로 받아들여졌다. 나름 최고 수준이라고 믿고 있었는데 1차 심사의 평가자는 거의 최하점을 줬다. 쉬운 것을 무난하게 하는 것보다 난이도가 높은 것에 도전했다가 실수한 것이 평점에 큰 영향을 준 것 같다.

G는 심장이 내려앉는 것 같았다. 이 오디션에서 떨어지면 다시 또 아주 먼 길을 돌아가야 한다는 걱정이 몰려왔다. 쉬운 것에 안주하지 말고 더 어려운 과제에 도전해야 한

다고들 말하지만 다들 실수를 크게 생각한다. 비슷한 실력을 가진 사람들 중에서 실수를 저지른 사람은 떨어뜨릴 이유가 충분하다고 믿기 때문이다. G는 '망했다'는 말 대신 '지금부터야, 이제부터 올라가는 거야'라고 자신을 설득했다. 춤은 어차피 G가 할 수 있는 난도를 다른 참가자들은 소화할 수 없었다.

아마 그는 다음 심사에서도 어려운 것에 도전할 것이다. 성공만 하면 높은 등급으로 올라갈 수 있다. 그가 이렇듯 자신을 믿고 새롭게 도전할 수 있었던 것은 그동안 해왔던 수많은 연습 덕분이었다. 쉬운 것만 하지 않고 어려운 것에 계속 도전하면서 실력도 늘고 용기도 커졌다. G는 자신에게 용기가 있다고 믿었다. 계속해서 노력하고 포기하기를 거부하니까. 더도 덜도 아니었다. 그는 그저 지금껏 자기가 해왔던 것, 해냈던 것을 했다. 해야 할 것들에 집중하니 평가자들의 눈을 의식할 필요가 없었고 온전히 자기의 퍼포먼스에만 집중할 수 있었다.

자신을 잘 대한다는 것은 자기를 과대평가하는 것이 아니다. 자기를 정확하게 보려고 노력하는 일이다. 내가 누구인지, 어떤 상황에 처해 있는지, 무엇을 잘하고 무엇이 아직 부족한지를 감정이 아니라 사실을 기반으로 바라보는 태도이다.

물론 사람을 평가하는 일은 본질적으로 어렵다. 평가는 언제나 오류를 포함한다. 능력 평가는 늘 정확하지 않고 상황에 따라 결과가 달라지며 그것이 정말 타당한지도 확신하기 어렵다. 우리가 흔히 접하는 시험, 오디션, 승부, 순위는 그 방식을 잘 통과했다는 뜻이지 그가 본질적으로 뛰어나다는 증명이 될 수는 없다. 방식이나 시기, 조건이 달랐다면 결과는 얼마든지 달라질 수 있기 때문이다.

그럼에도 우리는 타인이 내린 평가를 내 존재에 대한 판결처럼 받아들인다. 남들이 매긴 점수를 삶의 성적표로 착각한다. 하지만 남들이 매긴 평가는 그들의 것이지 당신의 것이 아니다. 그 평가는 언제든 바뀌기 마련이고 기준도 늘 흔들린다.

타인의 평가보다 더 자주, 더 거칠게 우리를 무너뜨리는 것이 있는데, 바로 내가 나에게 하는 말이다. 우리는 보통 감정이 가라앉아 있을 때 자신에게 과도할 정도로 가혹해진다. 작은 실패를 인생 전체로 확대하고 일시적인 좌절을 영구적인 결함처럼 말한다. 자기를 제대로 대한다는 것은 이 말을 멈추는 데서 시작한다. 비하와 과장을 내려놓고 지킬 수 없는 선언과 스스로를 몰아붙이는 평가를 줄이는 것이다.

그렇다고 사회적 평가가 중요하지 않다는 뜻은 아니다. 우리는 사회 속에서 역할을 맡고 다른 사람들과 함께 살아간다. 그러니 일정 부분의 평가는 필요하다. 그럼에도 삶에 대한 최종 평가는 타인이 아닌 내가 내려야 한다. 현대사회에서는 비교를 통해 자신을 볼 수밖에 없지만 그것을 통해 기쁨을 느끼는 것만큼은 삼가야 한다. 하찮은 우월감과 비루한 열등감이 우리를 혼란으로 끌어들이기 때문이다.

한때 이런 문장이 사람들 사이에 널리 퍼진 적이 있다.

'지방대 나와도 인생 안 망함.

대학 안 가도 인생 안 망함.

대기업 안 가도 인생 안 망함.

돈 없어도 인생 안 망함.

늦게 시작해도 인생 안 망함.

국산 소형차 몰아도 인생 안 망함.

하지만 남과 비교하기 시작하면 인생이 불행해짐.'

이 글의 제목은 '사람들이 의외로 모르고 사는 것'이

었다.

조건이 인생을 완전히 결정하지는 않는다. 조건이 좋아 삶이 윤택해질 수는 있어도 그 자체가 행복이 되지는 않는다. 행복은 어떤 조건을 얼마나 잘 갖췄느냐보다 그 조건 속에서 자기를 어떻게 대하며 살아가느냐가 결정한다.

그렇다면 다시 질문으로 돌아와 생각해보자. 나는 나를 어떻게 대해야 할까.

'타인의 기준으로 나를 평가하지 말 것.'

'섣부르게 단정하지 말 것.'

'잘하고 있는 나와 아직 부족한 나를 함께 인정할 것.'

'자신을 적으로 만들지 말 것.'

이 정도면 충분하지 않을까.

자신을 잘 대하는 사람은 삶을 함부로 쓰지 않는다. 마찬가지로 그런 사람은 다른 이의 삶도 함부로 대하거나 평가하지 않는다. 이것이 내가 믿는 가장 현실적인 자기 존중의 태도이다.

삶은
계속되어야
한다

배터리가 바닥난 스마트폰을 들고 지도 앱이 가리키는 방향으로 가다 보니 W는 어느덧 골목길로 접어들었다. 그는 걸음을 옮길수록 이 길로는 자신이 원하는 곳에 도착하지 못할 것 같다는 확신이 들었다. 해가 기울며 어둠이 내려앉기 시작한 주택가는 다행히 한적했다. 지나는 사람도 거의 없었고 당장 위험이 느껴지진 않았다. 그럼에도 불안은 어둠처럼 천천히 짙어졌다.

외국에서는 해가 지면 혼자 돌아다니지 말라는 말을

수도 없이 들었다. 머리로는 여기도 사람 사는 동네라고 생각했지만 귀에 박힌 경고는 쉽게 사라지지 않았다. 사실 그 말이 늘 정확하지는 않았다. 위험하다는 인식은 지역마다 달랐고, 대부분의 골목은 그저 평범했다. 낯선 동양인 한 명이 지나간다고 해서 사람들이 특별히 신경 쓰는 것 같지도 않았다. 어떤 시선은 잠깐 머물렀지만 불친절함이나 거부감으로는 번지지 않았다. W는 오히려 그 익숙한 분위기를 여러 번 경험했다. 우리도 낯선 외국인을 예상치 못한 장소에서 마주치면 잠깐 관심을 보일 뿐 대부분은 그냥 지나치지 않는가.

　　호텔 예약 앱에서 찾아낸 한적하고 조식이 잘 나온다는 작고 예쁜 호텔이 이 골목 어디쯤에서 갑자기 나타날 것 같지 않았다. W는 마침내 도움을 구하기로 했다. 하지만 주변을 아무리 둘러봐도 길을 물어볼 사람이 보이지 않았다. 지나가는 차를 세워 묻자니 어딘가 위험하고 무례해 보였다. 불이 켜진 집들이 많아도 인기척은 들리지 않았다. 설령 들려도 어둠이 내려앉은 시간에 초면인 집의 문을 두드리기란 망설여졌다. 무엇보다 어느 집을 두드려야 하는지 알 수 없었다.

　　그때였다. 조금 더 걷기 시작하자 밝은 빛과 사람들의 목소리가 들렸다. 작은 마당 테이블에서 저녁 식사를 막 시작하는 가족이었다. W는 중년으로 보이는 아버지에게 조심스럽게 시선을 고정하고 말을 걸었다. 그러자 아버지가 잠깐 고개를 갸웃하더니 누군가를 불렀고 긴 갈색 머리의 젊은 여성이 다가왔다. 발음도, 속도도 훨씬 자연스러운 영어로 설명이 이어졌다. 여기서 걸어가면 멀고 버스를 타는 게 좋다는 말과 함께 예약이 잘 되었는지 확인해주었다.

선량한 표정으로 그녀가 W에게 물었다.

"Where are you from?"

(어디에서 왔어요?)

"I'm from South Korea."

(한국에서 왔어요.)

W의 낙담이 얼굴에 드러났는지 이번에는 아버지가 말투보다 표정으로 먼저 다가왔다.

"Come in. Are you hungry?"

(들어와요. 배고프죠?)

놀랍게도 식탁에 자리가 하나 금방 만들어졌다. W는 지나가던 외국인에서 식객으로 순식간에 신분이 바뀌었다. 인사와 안부, 서로를 탐색하는 짧은 말들이 오가고 접시와 식기 앞에 처음 보는 음식들이 놓였다. 분명히 맛있어 보였다.

안 그래도 배가 고팠던 W는 포크로 스튜 같은 것에서 고기 한 덩이를 찍어 올리다가 갑자기 목이 콱 막히는 듯했다. 감동이 머리로 오는 게 아니라 몸으로 먼저 느껴졌다. 세상에는 착하고 친절한 사람들이 많다는 사실을 머리가 아닌 경험으로 확인하는 순간이었다. 그 나라가 갑자기 조금 더 사랑스러워지는 감정도 따라왔다.

"Thank you so much. Muito obrigado."

(정말 고마워요. (포르투갈어) 진심으로 감사드립니다.)

순간 배낭 속에 들어 있던 작은 선물을 꼭 드리고 사진도 한 장 남기고 싶어졌다. 어쩐지 모든 것이 고마웠고 꼭 기억하고 싶었다.

그날 W가 울컥했던 이유는 길을 헤매다 얻은 도움 때문만은 아니었다. 몇 년 동안 빽빽하게 이어진 일정, 쉴 틈 없이 사람들 속에서 버텨온 시간들이 떠올랐다. 아주 오랜만에 찾아온 휴가를 꿈에 그리던 곳에서 혼자 보내게 된 것도 이상하리만치 특별했다. 함께 오기로 했던 동생이 한 달 전 갑자기 취소를 통보해서 섭섭했지만 심정으로는 충분히 이해되었다.

무엇보다 이 가족이 자신을 어떤 이름이 아니라 한 사람으로 대해주는 듯해 좋았다. 잘 모르는 낯선 사람에게도 호의를 베풀 수 있다는 사실과 여유가 그날따라 유난히 크게 다가왔다. 세상이 잠시 다른 얼굴을 보여준 것 같았다.

물론 그 모든 사정을 다 말하지는 않을 것이다. 대신 한국의 이야기, K-문화 같은 가벼운 주제로 분위기를 이어갈 것이다. 가족도 캐묻지 않았다. 식객이 그저 편하게 먹고 가길 바라는 표정이었다. 포르투갈의 대구 요리 바칼라우는 말도 안 되게 맛있었다. 요리 실력 때문인지 허기 때문인지, 아니면 환대 때문인지 원래 맛있는 음식이라서 그런지는 끝내 구분할 수가 없었다.

이후 포르투갈의 다른 곳에서는 이런 가족을 만나지 못했다. 그런 사람들이 없어서가 아니라 그런 상황이 없어서였다. 배터리는 늘 충분했고 길은 잘 찾았으며 식사 시간에 마당이 있는 집을 지나칠 일도 없었다. 다른 사람들이 모두 이렇게 호의를 베풀 거라고 기대한 적도 그래야 한다고 생각한 적도 없다.

크게 잘못된 오해는 아니지만 굳이 설명하지 않고 넘겨왔던 것들이 있다. 사실 그 가족이 왜 그렇게 친절했는지, W가 왜 울컥했는지, 바칼라우가 왜 그렇게 맛있었는지 이런 것들은 정확한 이유를 하나만 들 수 없다. 원래도 좋은 사람들이었을 가능성이 가장 높지만 좋은 사람도 매번 같은 방식으로 친절하지 않다. W가 울컥했던 것도 원래 눈물이 많아서라기보다 그날의 컨디션과 사정, 여러 감정이 포개진 결과일 것이다. 더 중요한 것은 그 순간에는 그런 설명이 잘 떠오르지 않는다는 점이다.

우리가 세상을 경험하는 방식은 대부분 순간적으로 내린 판단에 의해서 결정된다. 위험하다고 느끼기 시작하면 위험을 찾고 고맙다고 느끼기 시작하면 고마움을 발견한다. 좋게 보기 시작하면 좋은 것들이 늘어나고 부정적으로 보기 시작하면 부정적인 것들이 늘어난다. 감정은 사실을 바꾸지 않지만 사실의 조명은 바꾼다.

우리는 백지 상태로 세상을 새롭게 그려내는 존재가 아니다. 이미 익숙한 방식으로 보고 듣고 느끼는 사람이다. 그것을 인정하는 순간 메타인지가 작동한다. '내가 지금 보고 있는 것이 전부인가?'를 묻기 시작한다.

걱정과 불안, 실패와 상실에 집중하는 습관은 우리를 지켜주기도 하지만 그만큼 우리가 경험할 수 있었던 좋은 기회와 감사의 영역을 줄이기도 한다. 부정적인 면에 오래 머물수록 인생의 부정적인 부분은 더 확실해지고 단단해진다. 부정적인 조명 아래에서는 웬만한 것들이 다 그 색으로 덧칠된다. 희망이 제 색으로 보이기 어려워진다. 내 존재나 인생도 그 조명에 맞는 모습만 더 분명해 보인다.

　나이 든다는 것 역시 오랫동안 비슷한 조명을 받아왔다. 흔히 나이 듦을 쇠퇴나 고집, 과거에 머무는 상태로 간주해왔지만 인간의 성숙은 쉽게 멈추지 않는다. 아이가 자라며 영원할 것 같던 감정이 지나가는 것임을 배우듯 어른 역시 배운다. 고통스러웠던 시간도 인생의 전부가 아니었고 대수롭지 않게 흘려보낸 순간들이 나중에 보니 축복이었음을 알게 된다.

　어쩌면 인생의 지혜란 삶을 더 잘 판단하는 것이 아니라 그 판단을 조금은 늦추는 것이 아닐까 하는 생각이 든다. 지금 느끼는 감정이 전부가 아닐 수도 있음을 인정하는 것, 지금 보이는 것이 이야기의 끝이 아닐 수도 있다는 여지를 허락하는 것. 그렇게 잠시 멈춰 서서 바라보면 지나쳐온 시간들 속에도 이미 충분한 의미와 온기가 있었다는 사실이 뒤늦더라도 분명하게 드러난다. 그 순간에는 알지 못했던 친절과 용기, 선택들이 조용히 이름을 얻는다.

　나이가 든다고 모든 것을 다 알게 되지도 깨닫게 될 수도 없다. 그보다는 오히려 지금은 알 수 없는 것들이 있음을 자연스레 받아들이게 된다. 그래서일까. 나이가 들수록 우리는 조금 덜 단정적으로 판단하고 더 오래 버티며 너그럽게 삶을 바라보게 된다.

오늘의 이 불완전한 감정과 판단 역시 언젠가는 다른 빛 아래에서 당신을 지켜낸 한 장면으로 기억될 것이다. 삶이 계속되는 한 그 의미 역시 계속 변하기 마련이니까.

책은 책을 쓴 사람만이 아니라 그것을 쓸 수 있게 도와준 많은 사람들 덕분에 세상에 나올 수 있다. 그분들께 짧게나마 감사한 마음을 전하고 싶다.

이 책을 세상에 나올 수 있도록 애써주신 위즈덤하우스 이선희 편집자님께 깊은 감사를 드린다. 대학원 학비를 지원해주셨던 센서스 김종남 사장님께는 따로 늘 감사를 드리고 싶다.

보이저 우주 탐사선처럼 K-POP의 한계를 넓혀가고 계신 방시혁 의장, 인생의 여러 면이 주는 의미들에 대해 깊은 사유를 나눠준 김남준, 엔터 산업계에 멘탈 교육을 도입하신 JYP 변상봉 부사장님께 특별한 감사를 전하고 싶다.

책에 수록된 엔터 산업 관련 이야기에 대해 많은 아이

디어와 기회를 얻을 수 있게 도와주신 최유정 님, 소성진 대표, 김신규 이사, 윤석준 대표, 김태호 대표, 서민재 실장, 황혜정 실장께 감사를 전하고 싶다. 다 이름을 밝힐 수 없는 다른 기획사들의 대표님들과 신인개발팀 팀장님들께도 고마운 마음을 전한다.

로코베리 안영민 동생, 슈프림보이 신동혁, 윤기, 호석, 찬성, 진운, 창민, 정연, 임청, 이재윤, 장경호, 다른 아티스트와 연습생들께도 고마운 마음을 느낀다.

나무의마음 이선희 대표, 롱블랙 임미진 대표, 친구 정은석에게 감사하다.

내 소중한 가족들, 물심양면으로 지원해주시는 장인 장모님, 처제, 나의 두 아들, 진우, 연우, 어머니, 동생에게 감사드린다.

그리고 나를 가장 많이 지지해주고 지혜와 용기를 나누어주는 사랑하는 아내 선미에게 이 책을 바친다.

내가 제일 힘들다는 착각

초판 1쇄 인쇄 2026년 3월 5일
초판 1쇄 발행 2026년 3월 12일

지은이 주현덕
펴낸이 최순영

출판1 본부장 한수미
라이프 팀장 곽지희
편집 이선희
디자인 함지현

펴낸곳 ㈜위즈덤하우스　**출판등록** 2000년 5월 23일 제13-1071호
주소 서울특별시 마포구 양화로 19 합정오피스빌딩 17층
전화 02) 2179-5600　**홈페이지** www.wisdomhouse.co.kr

ⓒ 주현덕, 2026

ISBN 979-11-7591-043-0 03180